Tara Bernado

Ich will es richtig unanständig

Anregende Geschichten für heiße Nächte

Blue Panther Books

blue panther books Taschenbuch
Band 2815

1. Auflage: April 2024
2. Auflage: Dezember 2024
3. Auflage: Februar 2025
4. Auflage: Juli 2025
5. Auflage: Februar 2026

Vollständige Taschenbuchausgabe
Originalausgabe

Lektorat: A. K. Frank

Cover:
© pantipit @ 123RF.com
Umschlaggestaltung: MT Design
Gesetzt in der Trajan Pro und Adobe Garamond Pro

Printed in Poland
ISBN 978-3-7561-1171-8
www.blue-panther-books.de

Hersteller: blue panther books oHG
Osterfeldstrasse 12-14 | 22529 Hamburg | Deutschland
E-Mail: info@blue-panther-books.de

INHALT

1. Diagnose: Untervögelt 5

2. Das Swingertreffen -
Partnertausch erwünscht 19

3. Bei heisser Musik
hemmungslos verführt 38

4. Der versaute Lesezirkel -
Erst Vorlesen, dann vögeln 56

5. Geiles Fotoshooting
mit dem LustLuder 75

6. Bürobums -
Lass den Trieben freien Lauf! 91

7. Tantra Massage -
Frivoles Treiben zu Dritt 107

8. Die Sexnacht -
Nach der Party flachgelegt 125

9. Vier heisse versaute
Krankenschwestern 141

10. Sexgier - Ich nehme mir,
was ich will! 155

11. SaunaFick . . . . im Internet / 178

Mit dem Gutschein-Code

TB5TBHKFN

erhalten Sie auf **www.blue-panther-books.de** diese exklusive Zusatzgeschichte als E-Book in den Formaten PDF, E-PUB und Kindle. Registrieren Sie sich einfach online oder schicken Sie uns die beiliegende Postkarte ausgefüllt zurück!

Diagnose: Untervögelt

Ich bin so aufgeregt. Drei Monate habe ich auf diesen Tag gewartet. Eigentlich viel zu lange, aber es ging nicht anders. Ich bin zwar ein Luder, aber das muss ja nicht jeder gleich merken. Also falle ich nicht mit der Tür ins Haus, sondern versuche einigermaßen diskret vorzugehen.

An das Telefongespräch, bei dem ich den heutigen Termin gemacht habe, kann ich mich noch genau erinnern.

»Ja, ich komme leider immer erst sehr spät von der Arbeit weg. Geben Sie mir einfach den spätesten Termin, den Sie vergeben.« ....

»Ach, die späten Termine sind alle schon auf lange Zeit ausgebucht? Kein Problem, ich möchte etwas mit dem Doktor besprechen, aber es ist nichts Akutes. Wann haben Sie denn den nächsten späten Termin frei? ....«

»Am 3. Mai um 19:30 Uhr? Okay, das passt, den nehme ich. Vielen Dank!«

Ich habe den Hörer aufgelegt und einmal tief durchgeatmet. Dann bin ich in mein Schlafzimmer gegangen, habe mich auf mein Bett gelegt, meine Hose geöffnet und eine Hand hineingeschoben. Sanft habe ich angefangen, zu reiben, mir Zeit gelassen und immer wieder die Bilder von meinem letzten Termin bei Dr. Beau heraufbeschworen.

Er heißt natürlich nicht wirklich Dr. Beau, aber wie soll ich so einen attraktiven Arzt sonst nennen? Einen Arzt, der einfach unverschämt gut aussieht. Er ist schätzungsweise 1,90 m groß, hat dunkle glänzende Haare, die er sich gelegentlich lässig mit einer Hand nach hinten streicht, und leuchtend blaue Augen. Dazu eine sportlich-durchtrainierte Figur und ein umwerfendes Lächeln. Eigentlich ist er das Klischee eines Serienarztes, aber es gibt einen kleinen Unterschied. Die Serienärzte sind alle unglaublich gute Menschen, die einfach nur helfen wollen und für die ›Hintergedanken‹ ein Fremdwort ist. Und genau das glaube ich von Dr. Beau nicht. Er hat irgendetwas in seinem Blick, was ein Luder wie ich sofort erkennt. Und dieses gewisse Etwas ist genau das, was ich suche. Das, was mir den Kick gibt und dem ich nicht widerstehen kann.

Ich lag also auf meinem Bett, doch in Gedanken befand ich mich in der Praxis von Dr. Beau. Langsam strichen meine Finger über meine Klit. Er kam auf mich zu, und die Bewegungen meiner Finger wurden schneller. Stöhnend lag ich auf meiner Matratze, fühlte, wie mein Körper auf ihn reagierte, spürte die Nässe, die aus meiner Pussy lief. Und als er direkt vor mir stand und seine Hände meine Brüste umschlossen, kam es mir.

Jetzt habe ich allerdings gerade ganz andere Gedanken. Frisch geduscht und mit glatt rasierter, babyzarter Haut stehe ich nackt vor meinem Kleiderschrank. Was soll ich anziehen? Ich möchte natürlich sexy aussehen, aber gleichzeitig auch nicht zu auffällig offensiv erscheinen.

Okay, erst mal die Unterwäsche, die bleibt ja anfangs auf jeden Fall im Verborgenen. Ich greife zu meinem kleinen roten Ministring mit dem Teufelchen darauf, wissend, dass er den wohl nicht zu Gesicht bekommen wird. Aber was solls, ich fühle mich immer unglaublich sexy, wenn ich diesen String trage und das ist schließlich genau das, was ich will. Der dazu passende rote BH hat nur eine ganz kleine Schale; meine halbe Brust und die Nippel schauen heraus.

Hm, das ist natürlich mit ein bisschen Risiko verbunden, es könnte ja theoretisch auch möglich sein, dass ich mich, was Dr. Beau und seinen gewissen Blick angeht, getäuscht habe, und dann wird er so einen BH vielleicht etwas seltsam für einen Arztbesuch finden. Ich überlege kurz, aber dann entscheide ich mich für das Set, schließlich gilt immer noch: No risk, no fun!

Jetzt noch der enge schwarze Rock, dazu eine schicke Bluse, die meine schlanke Figur betont, und die Wildlederstiefel mit den hohen Absätzen. Voilà, da wird auch ein Dr. Beau kaum widerstehen können!

Fröhlich vor mich hin summend gehe ich ins Bad und vervollständige mein Outfit. Schön geschminkte Augen, aber kein Lippenstift. Vielleicht küssen wir uns ja, und dann finde ich das immer störend. Meine langen dunklen Haare ziehe ich durch das Glätteisen, bis sie glatt und glänzend mein Gesicht umrahmen. Dann werfe ich einen Blick auf die Uhr. Es ist kurz nach sieben, ich muss los.

Ich schlüpfe in meinen eleganten Kurzmantel, hänge mir meine große Arbeitstasche um und werfe einen letzten Blick in den Garderobenspiegel. Ja, so sieht eine sehr attraktive Frau aus, die gerade aus dem Büro kommt!

Um kurz nach halb acht betrete ich die Praxis und steuere sofort die Sprechstundenhilfe an der Rezeption an, die mich erwartungsvoll anlächelt. »Ah, Sie müssen Frau Berger sein, unsere letzte Patientin heute!«

Freundlich bestätige ich ihre Annahme.

»Der Doktor ist gleich für Sie da. Setzen Sie sich doch bitte noch einen Moment in das Wartezimmer!«

Während ich den kurzen Weg zurücklege, nehme ich ganz leicht den Geruch von Aftershave wahr und sofort fügt sich in meinem Kopf ein Bild zusammen. Ja, genau diesen Geruch habe ich auch wahrgenommen, als ich das letzte Mal hier war. Aber das war nur ein Teil des Duftes, der von Dr. Beau ausging, der andere Teil, der männlich-animalische, lag darunter versteckt, aber er ist mir nicht entgangen.

Ich hänge meinen Mantel auf, setze mich in das leere Wartezimmer und muss feststellen, dass der Geruch des Aftershaves gereicht hat, um etwas bei mir auszulösen. Mein Puls hat sich beschleunigt und ich verspüre ein leichtes Kribbeln zwischen den Beinen. Puh, ich muss mich zusammenreißen, schließlich ist das hier keine Verabredung, und ich habe nicht die geringste Ahnung, wie die nächste Stunde verlaufen wird.

Plötzlich höre ich, wie eine Tür aufgeht, und dann höre ich seine Stimme. »Auf Wiedersehen, Frau Voß, und alles Gute für Sie«, sagt er, und dann sehe ich eine offensichtlich hochschwangere Frau am Wartezimmer vorbei Richtung Ausgang laufen.

Wie schön, denke ich mir, *bei der hat er sich bestimmt nicht verausgabt.*

Dann ertönt die Stimme der Sprechstundenhilfe aus einem versteckten Lautsprecher. »Frau Berger, bitte ins Behandlungszimmer zwei! Der Doktor kommt sofort zu Ihnen.«

So, jetzt geht es also los. Ich verlasse das Wartezimmer und gehe den Flur mit den Behandlungsräumen entlang. Ich betrete Zimmer zwei, setze mich auf den Stuhl, der vor dem Schreibtisch steht, und sehe mich um. Alles wie erwartet, stelle ich fest, ein typisches Behandlungszimmer mit Schreibtisch, Computer, medizinischen Gerätschaften, einem Bücherregal und einer Umkleidekabine. Und natürlich mit einem gynäkologischen Stuhl.

Mein Blick schweift über den Stuhl mit den beiden Beinstützen rechts und links, und die Vorstellung, dort gleich mit gespreizten Beinen zu liegen, während Dr. Beau mich untersucht, löst einen heftigen Stich in meiner Klit aus. Verdammt, ich kann doch nicht jetzt schon so geil werden, das sieht er doch mit seinem geschulten Auge sofort! Ich versuche, mich abzulenken, starre auf das Bücherregal und lese mir die Titel durch.

›Gynäkologie und Geburtshilfe‹, ›Facharztwissen Gynäkologie‹, ›Atlas der gynäkologischen Operationen‹, entziffere ich. Das ist auch keine Lösung, stelle ich fest, ich will mich ja schließlich nicht abturnen. Gerade als ich nach etwas Interessanterem Ausschau halte, öffnet sich die Tür hinter meinem Rücken.

»Guten Abend, Frau Berger«, höre ich Dr. Beaus Stimme und dann steht er auch schon neben mir und streckt mir seine Hand entgegen. Er sieht mindestens so gut aus, wie ich ihn in Erinnerung habe. Natürlich trägt er keinen Kittel, er ist ein moderner Arzt, und das eng anliegende weiße T-Shirt und die weiße, locker geschnittene Hose dazu, stehen ihm unglaublich gut.

Jetzt, wo es so weit ist, werde ich doch tatsächlich ein bisschen nervös. Ich ergreife seine Hand, schüttele sie und bringe lediglich ein ziemlich dünnes »Guten Abend!« heraus. *Verdammt, er sieht ja noch besser aus als beim letzten Mal*, denke ich. *Ich darf mich jetzt auf keinen Fall aus der Fassung bringen lassen.* Ich kann mir nämlich nicht vorstellen, dass Dr. Beau auf verschüchterte Mäuschen steht.

Er geht um den Schreibtisch, setzt sich auf seinen Stuhl, schaut kurz auf den Monitor seines Computers und blickt mir dann direkt in die Augen.

»Was kann ich für Sie tun, Frau Berger?«

Ich sehe an seinem Gesichtsausdruck, dass er genau registriert hat, dass da eben kein graues Mäuschen vor ihm sitzt, also setze ich mich noch ein bisschen gerader hin und erwidere selbstbewusst seinen Blick.

»Ja, also es ist so, Dr. Beau …«

Jetzt schaut er mich leicht irritiert an und ich realisiere, wie ich ihn gerade genannt habe.

So ein Mist, denke ich. *Wie konnte mir das nur passieren*?

Aber als sich ein ganz kleines Lächeln in Dr. Beaus Mundwinkel schleicht und er ansonsten nichts zu meinem Versprecher sagt, rede ich einfach weiter.

»Ich habe so ein unerklärliches Ziehen im Unterleib, das ganz regelmäßig auftritt und so seltsam das klingt, in meinen Brüsten habe ich das auch. Und ich habe mich gefragt, ob das eventuell mit der neuen Pille zusammenhängt, die Sie mir beim letzten Mal verschrieben haben, oder ob das vielleicht ganz andere Gründe hat. Ich wäre jedenfalls sehr beruhigt, wenn Sie sich das einmal genau ansehen könnten.«

Ich lächle ihn an und gleichzeitig streiche ich mir eine Haarsträhne hinter das Ohr. Er registriert meine Bewegungen ganz genau, das sehe ich und was ich ebenfalls sehe, ist ein gefährliches Glitzern in seinen Augen.

»Ein Ziehen im Unterleib und in den Brüsten, sagen Sie? Und es tritt ganz regelmäßig auf?« Wieder blickt er mir tief in die Augen. »Ist Ihnen klar, dass ich mir das ganz genau ansehen muss? Das kann ein bisschen länger dauern. Haben Sie etwas Zeit mitgebracht?«

»Ja, das habe ich«, antworte ich und erwidere seinen intensiven Blick. »Ich habe alle Zeit, die wir brauchen.«

»Das ist schön. Meine Sprechstundenhilfe hat gleich Feierabend, aber wenn es Ihnen wirklich ein Anliegen ist, bleibe ich natürlich länger und untersuche Sie.«

Er hat angebissen! Ich höre es an seiner Stimme und ich sehe es in seinem Blick.

»Ja, bitte, Dr. Beau«, antworte ich ihm, »es wäre mir wirklich ein Anliegen.«

Er schaut mich noch einmal ganz intensiv an, und als ich ihn anlächele, beugt er sich über die Sprechanlage auf seinem Schreibtisch und drückt auf einen Knopf.

»Simone, das dauert hier noch etwas länger. Sie können ruhig schon Feierabend machen, ich brauche Sie heute nicht mehr«.

»Ja, okay«, höre ich Simones Stimme. »Dann gehe ich jetzt. Bis morgen!«

»Bis morgen und einen schönen Feierabend«, antwortet Dr. Beau. Dann drückt er wieder auf den Knopf und von Simone ist nichts mehr zu hören.

Er wendet sich zu mir und deutet auf die Umkleidekabine. »So, dann wollen wir mal mit der Untersuchung beginnen«, sagt er, so, als wäre dies hier eine ganz normale Situation. »Bitte machen Sie sich untenherum frei.«

Ich stehe auf, gehe in die Umkleidekabine und ziehe den Vorhang hinter mir zu. Mein Herz schlägt laut und schnell, ich kann es kaum glauben, dass mein Plan wirklich aufgegangen ist. Ich ziehe meine Stiefel und meinen Rock aus und dann, mit einigem Bedauern, auch meinen Teufelchen-String. Es ist wirklich zu schade, dass Dr. Beau ihn nicht zu Gesicht bekommen wird!

Als ich die Umkleidekabine wieder verlasse, sitzt er immer noch an seinem Schreibtisch. Er sieht mir dabei zu, wie ich zu dem gynäkologischen Stuhl gehe, mich hinsetze, die Beine rechts und links in den dafür vorgesehenen Stützen ablege und mich zurücklehne. Dann erst steht er auf und kommt zu mir.

Ich bin ihm jetzt auf eine angenehme Art ausgeliefert, und der Gedanke, dass ich mit gespreizten Beinen vor einem fremden Mann liege, erregt mich. Wir spielen ein Spiel, bei dem wir die Regeln vorher nicht festgelegt haben, aber ich weiß genau, dass ich hier nur gewinnen kann.

»Wo tut es denn weh, Frau Berger?«, fragt Dr. Beau mich mit sanfter Stimme.

»Da kann ich gar nicht so genau sagen, Dr. Beau«, antworte ich mit Unschuldsmiene. »Der Schmerz kann im ganzen Unterleib auftreten.«

»Dann taste ich Sie am besten erst mal ab«, schlägt er vor, und als ich zustimmend nicke, schiebt er meine Bluse ein Stück nach oben und legt meinen schlanken Bauch frei. Mit sanftem

Druck tastet er über meine weiche Haut, erst oberhalb des Bauchnabels und dann darunter. »Hier? Hier? Oder hier?«, fragt er dabei immer wieder, aber ich schüttle den Kopf.

»Nein, Herr Doktor, ich spüre nichts.«

Das stimmt natürlich nicht ganz, denn ich spüre durchaus etwas, allerdings nicht an meinem Bauch. Schließlich liege ich mit gespreizten Beinen und nackter Möse auf einem gynäkologischen Stuhl, während ein verdammt attraktiver Mann neben mir steht und seine Hände auf meinem Körper bewegt.

Wenn meine Pussy eine Stimme hätte, würde sie jetzt ganz laut schreien: »Lass das blöde Rumfummeln an diesem höchst uninteressanten Bauch! Fick mich endlich!« Aber zum Glück hat sie keine Stimme, sonst wäre das schöne Spiel viel zu schnell vorbei.

»Hm, Frau Berger«, sagt Dr. Beau jetzt, »hier kann ich nichts feststellen. Bitte knöpfen Sie mal ihre Bluse auf, ich möchte mir mal Ihre Brüste ansehen.«

»Gern, Herr Doktor«, antworte ich ihm, und dann öffne ich ganz langsam Knopf für Knopf des Kleidungsstücks. Der Stoff rutscht zur Seite weg, gleitet dabei über meine freiliegenden Nippel und der Anblick, der sich nun Dr. Beau bietet, sorgt zum ersten Mal dafür, dass er ein ganz klein wenig aus seiner Rolle fällt. Meine Brüste werden von den kleinen BH-Schalen, die eh nur den Zweck haben, alles möglichst versaut zu präsentieren, in eine perfekte Form gedrückt und meine dunklen Nippel stehen fest und steif nach oben. Er starrt sie einen Moment lang an, dann sagt er: »Ich glaube, den BH können Sie anlassen, Frau Berger, der stört bei der Untersuchung nicht.«

Seine Fingerspitzen berühren ganz sanft meine Nippel, streichen an ihnen entlang und umrunden sie dann mit einem Finger. Als er sich vorbeugt und seine Lippen die Spitze berühren, stöhne ich laut auf. Er fängt sanft an zu saugen und er hat wahrscheinlich nicht die geringste Vorstellung davon, was er damit in meiner Pussy auslöst. Es ist, als gäbe es eine direkte Verbindung zwischen Nippel und Klitoris, jedes Mal, wenn er saugt, fährt eine Welle der Lust durch meine Liebesperle. Am liebsten würde ich ihn packen und direkt zwischen meine geöffneten Beine zerren, ich halte es kaum noch aus. Ich liege fickbereit vor ihm und er beschäftigt sich mit meinen Nippeln!

Aber ich reiße mich zusammen, versuche das brennende Verlangen in meiner Pussy zu ignorieren und mich ganz darauf zu konzentrieren, was dieser geile Mann gerade mit meinen Nippeln macht. Mit der sanften Tour scheint er jetzt durch zu sein, sein Saugen wird verlangender, fordernder, und als es anfängt, ein bisschen wehzutun, stöhne ich in sein Ohr: »Ja, da tut es jetzt weh, das ist eine von den Stellen!«

Er entlässt meine Nippel aus seinem Mund. Sie glänzen nass und jetzt stehen sie noch ein bisschen mehr nach oben als zuvor. Er nimmt beide zwischen zwei Finger und fängt an zu drehen und zu ziehen. »Das muss ich dann etwas genauer untersuchen, schließlich müssen wir ihrem Problem ja auf den Grund gehen«, sagt er, und zum ersten Mal bemerke ich die dicke Ausbuchtung in seiner Hose. Durch den weißen Stoff kann ich die Form seines Schwanzes genau erkennen, er ist dick und lang und er passt perfekt zu Dr. Beau.

Er bemerkt meinen Blick, entlässt meine Nippel aus seinem lustvoll-schmerzhaften Griff und schiebt sein Becken näher an den Stuhl heran. Sein Schwanz befindet sich jetzt direkt neben meiner Hand und natürlich fasse ich ihn an. So gut es aus meiner Lage heraus geht, umfasse ich den dicken Schaft durch den Stoff und taste mich dann langsam nach oben. Ich reibe an der prallen Eichel und tatsächlich erscheint ein ganz kleiner nasser Fleck auf dem weißen Stoff. Als Dr. Beau leise aufstöhnt, überkommt mich ein Gefühl der Genugtuung. Ich bin nicht die Einzige, die hier ficken will, auch der coole Doktor ist inzwischen richtig geil!

Er drückt mir seinen Schwanz entgegen, lässt mich weiter reiben, und gleichzeitig knetet er mit seinen Händen meine Brüste. Am liebsten würde ich seine Hose öffnen, aber bei einer Untersuchung sagt nun mal der Doktor, wo es langgeht, also warte ich lieber ab.

Er stöhnt, während ich weiter seinen Schwanz bearbeite, und dann sagt er: »Ja, so ist es richtig, Frau Berger, machen Sie sich ruhig schon mit dem Untersuchungsgerät vertraut. Dann wissen Sie schon mal, womit Sie es gleich zu tun bekommen.«

Das hört sich ja sehr vielversprechend an! »Kann ich denn das Untersuchungsgerät auch mal sehen?«, wage ich einen Vorstoß, aber er schüttelt den Kopf.

»So weit sind wir noch nicht.« Er nimmt die Hände von meinen Brüsten. »Hier kann ich keine Auffälligkeiten entdecken, aber jetzt muss ich erst mal die manuelle Vaginaluntersuchung durchführen und schauen, ob ich irgendetwas Ungewöhnliches von innen ertasten kann.«

Er entzieht sich meiner Hand, dreht sich um und zieht einen kleinen Stuhl auf Rollen heran, den er zwischen meine Beine schiebt. Als er sich setzt, sind sein Gesicht und meine Pussy auf gleicher Höhe.

Ich bin ihm ausgeliefert, er kann jeden Zentimeter meiner intimsten Stelle sehen und ich finde es unglaublich geil. Meine Klit pocht, ich bin mir ziemlich sicher, dass man meiner Möse die Geilheit ansieht, und ich wünsche mir nichts mehr, als dass er sie endlich anfasst.

Dann höre ich seine Stimme. »Oh, ich glaube, ich kann die Untersuchung bei Ihnen ohne Gleitgel machen.« Dann leiser:

»Kleine Sau!« Und schon spüre ich, wie seine Finger in mich eindringen. Es sind mindestens drei und er schiebt sie tief in meine Möse.

»Es tut mir leid, wenn das jetzt ein bisschen unangenehm ist«, sagt er, »aber ich muss sehr genau arbeiten, ich will ja nichts übersehen. Außerdem muss ich Sie auf das Untersuchungsgerät vorbereiten. So wie ich das einschätze, komme ich nämlich mit einem kleinen Teil bei Ihnen nicht wirklich weiter und muss auf ein großes Gerät zurückgreifen.« Während er das sagt, legt er seinen Daumen auf meine Klit und drückt ganz leicht zu.

Ich stöhne auf. Allein das, was er gerade mit seinen Händen tut, macht mich schon unglaublich geil und willig. Aber dass er mir gerade unmissverständlich mitgeteilt hat, dass er einen ziemlich großen Schwanz hat, gibt mir den Rest.

»Bitte, Dr. Beau«, keuche ich, »ich glaube, so kommen wir nicht weiter. Vielleicht sollten Sie doch besser mit dem Untersuchungsgerät weiterarbeiten.«

Er beachtet meinen Einwand gar nicht und fängt stattdessen an, seine Finger schnell vor- und zurückzubewegen. Dann steht er auf und beugt sich über mich, während er mich weiter fingert. »Überlassen Sie das ruhig mir, Frau Berger!«, sagt er. »Ich weiß genau, wann ich welches Gerät einsetzen muss.« Und wieder drückt er auf meine Klit.

Ein Feuerregen breitet sich in meiner Pussy aus, ich stöhne laut auf und dränge mich ihm entgegen. Seine Finger leisten ganze Arbeit, seine Bewegungen werden schneller und gerade als mein Unterleib anfängt, sich zusammenzuziehen, zieht er die Finger mit einem Ruck aus mir heraus. Er hat genau gemerkt, was los ist, das sehe ich ihm an. »Nicht so eilig, Frau Berger!«, sagt er in strengem Tonfall. »Wir haben mit der Hauptuntersuchung ja noch gar nicht angefangen.«

Ich hebe den Kopf leicht an, damit ich ihn besser sehen kann. »Und wann fangen wir endlich damit an?«, frage ich ihn mit bebender Stimme.

Er steht zwischen meinen weit gespreizten Beinen und schaut auf meine nasse, pochende Möse.

»Also wenn ich mir Ihre Vagina so anschaue«, sagt er, »dann steht einer eingehenderen Untersuchung nichts mehr im Wege.« Und dann öffnet er langsam seine Hose und holt seinen Schwanz heraus. Das Teil ist lang und dick, genau so, wie ich es mir vorgestellt habe. Er umfasst den prallen Schaft und mit einer ganz leichten Bewegung lässt er den Prengel auf und ab schwingen. Als er die Eichel an meiner geöffneten Möse ansetzt, lehne ich mich zurück und schließe die Augen.

Ich bin jetzt so geil, ich will einfach nur noch gevögelt werden, und er weiß es. Mit einem harten Stoß ist er in mir und fickt sofort los. Durch meine Lage auf dem Untersuchungsstuhl kann er sofort bis zum Anschlag in mich eindringen, und das tut er auch. *Er dürfte nicht einen Zentimeter länger sein*, denke ich und stöhne bei jedem Stoß vor unbändiger Lust laut auf. Er fickt mich durch, füllt mich aus, stößt an, tut mir weh und macht trotzdem alles genau richtig. Seine Hände umfassen mein Becken, halten mich fest und lassen nicht zu, dass ich auch nur einen Zentimeter von ihm wegrutsche.

Ich öffne die Augen wieder, hebe den Kopf und sehe mir an, wie sein harter, vor Nässe glänzender Schwanz immer wieder in meiner Möse verschwindet.

»Ja, schau dir ruhig genau an, wie du gefickt wirst, du kleine Sau!«, stöhnt er. »Das ist doch genau das, was du die ganze Zeit wolltest!«

Und dann legt er noch einmal seinen Finger an meine Klit und fängt an zu reiben. Meine Möse zieht sich zusammen, umklammert den dicken, fickenden Schwanz geradezu, und als Dr. Beau sich stöhnend über mich beugt und in mein Ohr flüstert: »Und jetzt verpasse ich dir deine erste Injektion!«, kommt es mir. Die Wellen der Lust durchfluten meine ganze Möse und ich schreie meine Leidenschaft einfach aus mir heraus. Als ich spüre, wie der dicke Schwanz in mir zu zucken beginnt und das Sperma herausschießt, fühle ich mich wie in einem Rausch. Ich genieße jeden der heftigen Stöße, lasse mich noch einmal richtig durchficken, und dann ist es vorbei.

Dr. Beau liegt über mir, er keucht und ich kann sein schnell pumpendes Herz spüren. Für einen Moment bleibt er in dieser Position liegen, dann richtet er sich auf und sein Schwanz gleitet aus mir heraus.

Ich hebe meine Beine aus den Stützen und setze mich auf. Mein Körper fühlt sich an, als wäre ich gerade eine Treppe heruntergefallen, aber meine Möse signalisiert mir das genaue Gegenteil. Sie fühlt sich an, als würde sie glühen und ein tiefes Gefühl der Befriedigung geht von ihr aus.

»Ja, dann ziehe ich mich wohl mal wieder an«, sage ich zu Dr. Beau und als der nickt, husche ich an ihm vorbei und verschwinde in der Umkleidekabine.

Schnell schlüpfe ich in meinen Teufelchen-Slip, streife meinen Rock wieder über und knöpfe meine Bluse zu. Als ich aus der Umkleidekabine komme, sitzt der Doktor an seinem Schreibtisch und schreibt etwas in ein Formular. Er sieht aus, als wäre nie etwas gewesen, seine Hose und sein T-Shirt sitzen perfekt an seinem muskulösen Körper und seine Haare sehen aus wie frisch gekämmt.

»Was machen Sie denn da?«, frage ich ihn neugierig.

»Ich schreibe die Diagnose, Frau Berger.«

Erstaunt sehe ich ihn an, damit habe ich jetzt nicht gerechnet. »Und wie lautet die Diagnose, Dr. Beau?«

Er sieht mich mit ernster Miene an. »Das ist leider kein so leicht zu behebendes Problem, Frau Berger, aber die Sache lässt keine Zweifel zu.«

Er schiebt mir das Formular hin, das er gerade ausgefüllt hat. Er hat einige Kreuzchen in dafür vorgesehene Felder gemacht und in ein Freifeld hat er einen kurzen, kaum leserlichen Text geschrieben. Aber ganz am Ende des Textes steht in großen, sehr gut leserlichen Buchstaben: Diagnose: Untervögelt.

Ich muss mir ein Grinsen verkneifen, aber ich schaffe es, ernst zu bleiben. »Das ist ja schrecklich, Dr. Beau!«, sage ich. »Und was kann man da machen?«

»Ja, das ist wirklich kein leichter Fall, Frau Berger«, gibt er mir recht. »Ich fürchte, die Behandlung wird langwierig und umfangreich werden. Aber Sie haben Glück, Sie sind mit mir auf einen echten Experten für dieses Fachgebiet gestoßen.«

»Und was schlagen Sie vor?«, frage ich ihn.

»Ich denke, Sie müssen wöchentlich in meine Praxis kommen, mindestens. Dann kann ich die heute begonnene Therapie fortsetzen und je nach Bedarf auch intensivieren. Vielleicht müssen wir auch zu stärkeren Mitteln greifen und gelegentlich die Behandlung in speziellen Räumen außerhalb meiner Praxis fortführen. Sie müssen allen meinen Anweisungen Folge leisten und Sie dürfen keinen Termin verpassen, sonst sehe ich keine Chance auf Heilung. Sind Sie bereit zu so einer Therapie, Frau Berger?«

Schon während er gesprochen hat, ist das Pochen in meiner Klit immer stärker geworden. Ich bin so was von bereit für diese Therapie, das kann sich der gute Dr. Beau wahrscheinlich gar nicht vorstellen. Langsam erhebe ich mich von meinem Stuhl.

»Wenn das die einzige Möglichkeit ist, Herr Doktor, dann bin ich natürlich einverstanden. Wann soll ich denn das nächste Mal hier erscheinen?«

Jetzt steht Dr. Beau ebenfalls auf und kommt um den Schreibtisch herum zu mir. Mit einer Hand umfasst er meinen Nacken und drückt mich bäuchlings auf den Schreibtisch.

»Wenn ich ganz ehrlich bin, Frau Berger, halte ich es für das Beste, wenn wir den zweiten Teil der Therapie sofort durchführen. Es werden in der nächsten Zeit noch eine Menge Injektionen fällig, selbstverständlich in alle zur Verfügung stehenden Körperöffnungen, und ich will keine Zeit verlieren.«

Und während er das sagt, schiebt er meinen Rock nach oben und zieht das kleine Bändchen meines Teufelchen-Strings zur Seite. Als ich seine Eichel zwischen meinen Arschbacken spüre, stöhne ich lustvoll auf. Ergeben warte ich auf den zweiten Teil meiner Therapie.

Das Swingertreffen - Partnertausch erwünscht

Heute Abend stand unsere zweite Verabredung mit Janine und Tom auf dem Programm. *Verabredung*, was für ein harmloses kleines Wort. Dass an diesem Abend voraussichtlich gar nichts harmlos sein würde, davon gingen Lara und ich fest aus. Dafür waren die Zeichen bei unserem ersten Treffen mit den beiden zu eindeutig gewesen. Wir hatten uns zwar alle vier zurückgehalten, klar, wir saßen ja auch in einer Kneipe und wollten uns erst einmal ein bisschen kennenlernen. Aber worauf alles hinauslaufen würde, war unmissverständlich gewesen.

So ist das eben in der Swingerszene, wenn es passt, braucht man keine großen Erklärungen mehr, dann weiß jeder, auf was so ein Date hinausläuft: auf gemeinsamen geilen Sex! Und auf diese beiden hatten Lara und ich sofort richtig Lust. Tom, groß mit breiten Schultern, vollen braunen Haaren und einem verwegenen Gesichtsausdruck und Janine, mit kinnlangen, dunkelroten Haaren, einem sinnlichen Mund, einem wundervoll gerundeten Hintern und einer unglaublich lasziven Ausstrahlung.

Schon auf der Hinfahrt zu den beiden war klar gewesen, dass Lara genauso aufgeheizt war wie ich. Die kleine Sau hatte mir nämlich schon mal einen schönen Anheizer beschert, indem sie einfach meine Hand vom Steuer genommen, unter ihr Kleid geschoben und an ihre nackte, blank rasierte Möse geführt hatte.

»Ich glaube, ich muss aufpassen, dass ich nicht gleich nasse Flecken auf den Polstern hinterlasse, oder was denkst du?« Mit unschuldigem Gesichtsausdruck hatte sie mich von der Seite angesehen, während sie meine Finger durch ihren nassen Spalt gezogen hatte.

»Du kleines Biest, willst du, dass ich die Karre in den Graben lenke?«

Ich hatte nur einen schnellen Blick riskiert und mich dann lieber wieder auf die Fahrbahn vor mir konzentriert. Doch ich hatte es mir nicht nehmen lassen, den Eingang zu ihrer Möse zu suchen und meine Finger hineinzuschieben. Das schmatzende Geräusch, das dabei zu hören war, hatte keine Fragen offengelassen.

»Ja, ich denke, die Gefahr, dass du die Polster versaust, ist ziemlich groß, Süße. Hoffen wir mal, dass die beiden das Gleiche vorhaben wie wir.«

»Lassen wir uns überraschen«, antwortete meine Frau mit Unschuldsmiene. »Aber ich habe eigentlich keinen Zweifel an ihren Absichten.«

Die Unschuldsmiene hatte Lara beibehalten, während meine Finger noch in ihrer nassen Möse steckten, so lange, bis ich vor einer roten Ampel anhalten und dann beim Wiederanfahren leider schalten musste.

Auf ihre nächste Frage hatte ich schon die ganze Zeit gewartet. »Und, glaubst du, dass ich mit meinem Outfit heute Abend punkten kann?«

Sie wusste natürlich genau, dass sie aussah wie eine Göttin, aber ich bestätigte ihr das gern. Grinsend sah ich wieder kurz zu ihr hinüber.

»Das hast du ja wieder sehr schön untertrieben formuliert. Ich bin mir sicher, Tom wird bei deinem Anblick ausrasten und ich würde mich nicht wundern, wenn er schon nach der Begrüßung weiß, dass du heute ohne Unterwäsche unterwegs bist.«

Sie warf einen lüsternen Blick auf meine Finger, die wieder ganz anständig das Lenkrad umklammerten, dann senkte sie den Blick auf meine leicht ausgebeulte Hose.

»Soll ich ihn dir gleich richtig hart machen, damit du Janine schon mit einem schönen dicken Pimmel begrüßen kannst?«, fragte sie mit verschwörerischer Stimme. »Wäre doch geil, wenn von Anfang an Sex in der Luft liegen würde!« Das hatte sie kaum ausgesprochen, als ihre Hand schon auf meiner Hose lag.

»Na, da muss ich ja nicht mehr viel machen«, stellte sie treffend fest. »Hat dir etwa gefallen, was wir gerade gemacht haben?« Da eine Antwort überflüssig war, hielt ich einfach die Klappe.

***

Als die Tür des großen, modernen Einfamilienhauses geöffnet wurde, spürte ich sofort, dass unsere Gastgeber das Gleiche im Sinn hatten wie wir: Sie wollten in die Vollen gehen.

Mit ausgebreiteten Armen nahm Tom meine Frau in Empfang, zog sie zu sich und küsste sie ungeniert auf den Mund. Natürlich ließ ich es mir nicht nehmen, Janine genauso zu begrüßen. Bevor ich meinen Mund auf ihre vollen Lippen drückte, ließ ich jedoch noch einen bewunderten Blick über ihren Körper schweifen.

Sie hatte sich für den Abend extrem geil gekleidet. Ihr praller Arsch steckte in einem versaut kurzen schwarzen Lederrock, der es kaum schaffte, ihre runden Arschbacken zu bedecken. Dazu verboten hohe Stilettos, schwarze Netzstrümpfe und eine knallenge schwarzen Bluse, die ein mächtig heißes Dekolleté präsentierte. Sie sah sie aus wie die reine Sünde und ich hatte nicht vor, zu widerstehen.

Noch während ich sie zur Begrüßung küsste, ließ ich meine Hand über ihren prallen Arsch gleiten und genoss die herrlichen Rundungen unter dem straff über ihren Hintern gespannten Lederrock.

Aus den Augenwinkeln sah ich, dass es Tom bei Lara nicht anders erging. Selbstverständlich hatte auch sie dafür gesorgt, dass niemand auf die Idee kommen könnte, sie wäre einfach nur hier, um einen netten Abend mit Freunden zu verbringen. Ihr kurzes Kleid im Leoprint schmiegte sich wie eine zweite Haut um ihren Körper und die schwarzen Overknee-Stiefel mit den Megaabsätzen passten perfekt dazu. Zu wissen, dass sie keinen Slip trug, hatte ich Tom voraus, so weit war er mit seinen Fingern noch nicht gekommen.

Keiner von uns vieren schien es eilig zu haben, den Eingangsbereich des Hauses zu verlassen. Seit bestimmt zehn Minuten knutschten und fummelten Tom und Lara nun schon aneinander herum und konnten offensichtlich gar nicht genug davon bekommen.

Allerdings muss ich zugeben, dass es mir mit Janine nicht anders erging, ihre heißen Küsse, meine Hände, die an ihrem verführerischen Körper entlangglitten, ihr Venushügel, der sich immer wieder gegen meinen harten Schwanz drückte – die Situation war so geil, dass ich am liebsten auf der Stelle ihren Rock hochgeschoben und tief in ihre heiße Möse eingetaucht wäre. Aber mir war schon bewusst, dass ich nicht gleich so rangehen konnte. Ein bisschen Zurückhaltung gebietet allein die Höflichkeit, wenn man das Haus gerade erst betreten hat.

Irgendwann schien zumindest bei Janine der Verstand wieder zurückgekehrt zu sein. »Kommt doch erst mal rein«, meinte sie augenzwinkernd, »der Abend hat ja gerade erst angefangen.«

Sie hatte natürlich recht und grinsend brachten wir alle unsere Kleidung wieder in Ordnung und folgten ihr in das schöne, stilvoll eingerichtete Wohnzimmer. Jetzt erst mal einen Gang runterschalten, wir waren ja schließlich noch ganz am Anfang unseres Dates. Wir machten es uns auf dem großen Ecksofa bequem, Tom versorgte uns mit Getränken, und mit ein bisschen Small Talk über ganz normale Themen entspannte sich die aufgeheizte Stimmung wieder etwas. Natürlich hielten wir das belanglose Gerede nicht lange durch, allein der Anblick der beiden so heiß gekleideten Frauen sorgte dafür, dass die Gespräche schnell wieder Richtung Sex drifteten.

Besonders interessant war die Story, die Tom von ihrem letzten Urlaub auf Mallorca zum Besten gab. So was wollten wir auch mal erleben, das hörte sich richtig geil an!

»Seid ihr schon einmal bei einer ausgelassenen Sexparty unter südlicher Sonne dabei gewesen?«, fing er an, und unser Interesse war natürlich sofort geweckt.

»Ihr könnt euch nicht vorstellen, was in einer Finca auf Mallorca alles so abgehen kann«, fuhr er grinsend fort, und tatsächlich konnte ich mir das nicht vorstellen. Bisher war ich immer davon ausgegangen, dass diese Fincas eher so für den harmlosen Familienurlaub genutzt wurden, doch ich lag offensichtlich falsch.

Im letzten September hatten die beiden so eine mallorquinische Finca in wunderschöner, abgeschiedener Lage gebucht. Sie waren sich einig, dass der herrliche Außenbereich und der große Pool viel zu schön waren, um nur von ihnen allein genutzt zu werden. Also hatten sie gleich für das erste Wochenende ein Sexdate in einem einschlägigen Swingerportal eingestellt.

»Wir hatten keine Ahnung, ob so etwas auf Mallorca überhaupt funktioniert«, erzählte Tom grinsend, »aber wir haben es einfach mal versucht und für den Samstagnachmittag zu einer Poolparty in unsere Finca eingeladen. Ich habe das Date ausschließlich an Paare gerichtet und hatte die Hoffnung, dass sich vielleicht ein interessiertes Paar finden würde. Wir fanden es zwar beide ein bisschen gewagt, Leute in die Finca einzuladen, die wir gar nicht kannten, aber der Reiz, einen geilen Abend in so einer tollen Atmosphäre zu erleben, hat uns nicht lange darüber nachdenken lassen.«

»Und, wie war die Resonanz?« Lara beugte sich sichtlich neugierig vor.

»Tja, was soll ich sagen!«, holte Tom aus. »Ich hatte das Date gegen Mittag eingestellt und zwei Stunden später hatten wir sage und schreibe Anfragen von neun interessierten Paaren. Unglaublich, oder?«

Ich sah Tom mit großen Augen an. »Kaum zu glauben, es waren wirklich zeitgleich mit euch so viele andere Swingerpaare auf Mallorca, die sich spontan für ein Sexdate bei völlig fremden Leuten gemeldet haben? Das hätte ich echt nicht für möglich gehalten!«

Tom reagierte sofort auf mein ungläubiges Staunen. »Kein Scherz, Mirko, so war es! Aber das waren uns dann doch ein bisschen zu viele fremde Leute in unserem Haus. Fünf Paare, das war das Maximum, das wir uns vorstellen konnten. Darum haben wir dann ganz einfach die für uns attraktivsten Paare ausgesucht und den anderen abgesagt. Tja, Pech gehabt, leider wegen Überfüllung geschlossen!« Mit sichtlicher Freude grinste Tom in die Runde.

»Wow, was für eine coole Idee! So etwas würde ich auch gern mal machen.« Ich konnte den bewundernden Unterton in Laras Stimme heraushören und war mir ziemlich sicher, dass die kleine Geschichte meine Frau gerade richtig heißmachte.

»Jedenfalls hatten wir offensichtlich die richtige Wahl getroffen«, erzählte Tom weiter, »denn pünktlich zur verabredeten Zeit fanden sich alle fünf Paare bei uns ein. Und das Beste war, wir hatten kein Fake-Profil erwischt, ihr wisst schon, diese Profile, bei denen die eingestellten Fotos wenig bis gar nichts mit den Leuten zu tun haben, die dann plötzlich vor einem stehen.« Oh ja, dieses leider in der Szene sehr existente Problem kannten Lara und ich auch, und wir nickten beide verständnisvoll.

»Wir hatten definitiv Glück: fünf attraktive Paare, alles ganz unterschiedliche Typen, aber alle sympathisch und gut drauf, das hat man sofort gemerkt. Die hatten genauso viel Lust auf einen geilen Abend wie wir!«

Janine nickte Tom zustimmend zu und dann erzählte sie die Story weiter. »Ihr müsst euch das vorstellen: eine abgelegene Finca, perfektes Sommerwetter, kühle Getränke, chillige Musik, ein blau schimmernder Pool und jede Menge attraktiver Menschen. Wer da keine Lust kriegt, mit dem stimmt doch was nicht, oder sehe ich das falsch?«

Nein, das sahen wir ganz genauso, und lachend bestätigten wir ihre Worte.

»Erst mal haben wir alle nur zusammengestanden, über dies und das geredet und uns ein bisschen kennengelernt«, erzählte Janine weiter. »Aber als Tom dann gerade die zweite Runde Getränke serviert hatte, habe ich einfach mal die Initiative ergriffen. Als Gastgeber muss man ja schon ein bisschen die Richtung vorgeben, also habe ich verkündet, dass ich jetzt unbedingt eine Abkühlung bräuchte. Keine zwei Sekunden später war mein Kleid Geschichte und mit meinem Glas in der Hand bin ich die Stufen des Pools hinab in das kühle Wasser gestiegen. Nackt versteht sich!«

»Echt jetzt, du hast dich vor allen anderen einfach so nackig gemacht, das hast du dich getraut?« Lara war fasziniert, das konnte man ihr ansehen.

Janine lachte. »Na klar, was denkt ihr denn! Ihr wisst doch, wie das läuft, wenn einer den Anfang macht, ist das Eis bei den anderen auch ganz schnell gebrochen. Und genauso war es auch. Meine kleine Einlage war der perfekte Startschuss für einen ziemlich versauten Abend! Zwei der anderen Mädels machten es mir nämlich unverzüglich nach, zogen sich ruckzuck aus und kamen ebenfalls nackt zu mir in den Pool. Mit unseren Cocktails bewaffnet prosteten wir der restlichen Runde zu und präsentierten unsere nackten Titten. Ihr hättet mal sehen sollen, wie schnell auf einmal die Männer ihre Klamotten loswurden.« Kichernd zwinkerte sie Tom zu, der den Faden gleich wieder aufnahm.

»Aber hallo, wie würdest du denn reagieren, wenn dir drei extrem heiße Mädels nackt aus einem Pool zuprosten und dich eindeutig hineinlocken wollen?«, fragte er mich.

»Ich glaube nicht, dass ich da Nein gesagt hätte«, gab ich zu, während sich vor meinen Augen die Szene mit den drei heißen Frauen im Pool abspielte, als wäre ich dabei gewesen. Was für eine geile Vorstellung!

Begeistert erzählte Janine weiter. »Jedenfalls hat sich das Partygeschehen innerhalb von ein paar Minuten komplett in den Pool verlagert und alle haben mitgemacht! Na ja, was soll ich sagen, im Wasser ging das dann mit der Annäherung ganz schnell und wir waren mittendrin. Innerhalb kürzester Zeit hatte ich das Vergnügen, gleich von zwei Männern verwöhnt zu werden, und wenn ich mich so umgeschaut habe, gab es wirklich niemanden, der allein geblieben ist. Und weil wir ja keinen unserer Gäste wirklich kannten, konnten wir auch echt nicht sagen, wer es da gerade mit wem trieb, also ob die Paare teilweise unter sich geblieben sind oder ob es tatsächlich wild durcheinanderging. Das hat der Sache echt noch mal einen ganz besonderen Kick gegeben und war unglaublich geil!«

»Wir können euch gar nicht alles erzählen, was da so abgegangen ist«, erzählte Tom jetzt wieder weiter. »Es waren einfach so viele Eindrücke auf einmal. Ich habe mich gefühlt wie in einem Rausch, und ich kann euch echt nicht mehr genau sagen, was ich alles so gemacht habe an diesem Abend. Aber eins weiß ich mit Sicherheit, das war eine unglaublich geile Erfahrung. Janine und ich haben danach noch oft darüber gesprochen und unsere Erinnerungen ausgetauscht und sind jedes Mal wieder geil davon geworden.«

Ich konnte nichts dagegen machen, in meinem Kopfkino lief ein Film ab. Ich sah einen Pool voller nackter schöner Menschen, die es wild miteinander trieben. Ich sah große und kleine Brüste, herrlich gerundete Arschbacken, durchtrainierte Männerkörper und schöne Schwänze, die in bereitwillig angebotene Pussys stießen. Ich war total geflasht von der geilen Geschichte und mein Schwanz stand wie eine Eins in meiner Hose. Als ich wieder in die Runde blickte, sah ich, dass auch Lara mit leuchtenden Augen dasaß. »Wow, die Story macht echt große Lust, so etwas selbst mal zu erleben!«, sagte sie. »Wirklich geil, ich hoffe, wir werden beim nächsten Mal auch eingeladen.« Sie sprach damit genau das aus, was ich gedacht hatte.

»Selbstverständlich werdet ihr eingeladen«, antwortete Tom. Er stand auf, umrundete den Tisch und setzte sich neben Lara. »Ich sehe doch, wie heiß dich die Geschichte gemacht hat, Süße.«

Er beugte sich vor, ihre Lippen trafen sich und seine Hände wanderten zu Laras großen Titten. Er griff sofort fest und fordernd zu und fasziniert verfolgte ich, wie sie die Augen schloss und aufstöhnte.

Ich sah den beiden noch einen Moment lang zu, dann drehte ich mich mit einer dicken Latte in der Hose zu Janine um. Ich konnte es kaum glauben, sie saß nicht mehr auf dem Sofa, sondern stand direkt vor mir. Ihr Rock lag auf dem Boden und einen Slip hatte sie wahrscheinlich nie angehabt. Ihre attraktive Möse war nur Zentimeter von meinem Gesicht entfernt und mit einem lasziven Lächeln im Gesicht blickte sie auf mich herunter. »Bitte, bedien dich!«, forderte sie mich auf, und das ließ ich mir natürlich nicht zweimal sagen.

Das war mit Sicherheit der geilste Einstieg in einen frivolen Abend, den ich je erlebt hatte, und nach Laras lautem Stöhnen zu urteilen, empfand sie es gerade genauso.

***

Zwei Stunden später saßen wir wieder im Auto. Wahnsinn, war das ein Abend gewesen! Ich hatte so geil mit Janine rumgemacht und gefickt, dass ich fast nichts von dem, was Lara und Tom so getrieben hatten, mitbekommen hatte. Aber ich wusste, dass meine Frau mir alles erzählen würde, das machten wir immer so, und in der Regel lief es dann darauf hinaus, dass wir zu Hause noch einmal geilen Sex hatten.

»Ich muss schon sagen, die Poolgeschichte war ein richtig guter Antörner«, fing sie auch gleich an, zu erzählen. »Als Tom sich zu mir gesetzt hat, war schon jede Menge los zwischen meinen Beinen. Und als er dann gleich so machohaft an meine Titten rangegangen ist, hat er bei mir echt den Turbo angestellt. Du weißt ja, wie ich darauf stehe, und dieser Typ hat mal so richtig zugegriffen.«

Ich merkte, wie mein Riemen schon wieder hart wurde. »War

er da mit seinen Fingern auch schon unter deinem Kleid?«, wollte ich wissen. Die Vorstellung, dass er sofort so losgelegt hatte, machte mich geil.

»Was denkst du denn, der war voll gierig und richtig heiß auf meine Titten. Er hat sofort eine Hand von oben in mein Kleid geschoben!«

»Und, hast du ihn gelassen?« Dass ich mir bei der Frage an den Schwanz gegriffen hatte, war ihr natürlich nicht entgangen.

»Klar. Er hat das richtig geil gemacht und gleich angefangen, an meinen Nippeln zu ziehen. Sitzend war das für mich aber etwas unbequem, also bin ich aufgestanden und habe ihn mit hochgezogen. Ich wollte auch selbst mal die Initiative ergreifen.«

»Das ist mir klar, du kleines, ungeduldiges Biest. Was hast du gemacht?«

»Eigentlich wollte ich direkt seinen Prengel aus der Hose holen, aber kaum stand ich vor ihm, war seine zweite Hand schon unter mein Kleid gewandert. Ich bin gar nicht dazu gekommen, selbst irgendwas zu machen, und da ich eh schon so heiß war, habe ich erst mal auf Genießermodus umgestellt und ihn machen lassen. Er hat direkt den Eingang zu meiner Möse gesucht. Na ja, du kennst mich ja, die war natürlich gerade dabei auszulaufen, und er schien echt überrascht davon zu sein. *Du bist ja ein ganz unanständiges Mädchen*, hat er mir zugeflüstert, und glaub mir, ich konnte die Geilheit in seiner Stimme hören.

Und was macht ein Kerl wie du mit einem unanständigen Mädchen?, war meine Gegenfrage an ihn, wobei ich die Beine noch ein bisschen mehr auseinandergestellt hab, um ihn richtig wild zu machen. *Das wirst du gleich sehen,* war seine Antwort und dann hat er mir seine Finger in die nasse Möse geschoben. Er wusste aber auch genau, was er machen musste, hat sofort die richtige Stelle gefunden und heftig angefangen zu reiben. Es kam, wie es kommen musste, innerhalb von ein paar Sekunden habe ich ihm seine komplette Hand vollgesquirtet und die Hälfte von dem Saft ist noch auf dem Boden gelandet.«

Hilfe, jetzt wurde es langsam ziemlich schwer, mich auf das Fahren zu konzentrieren, aber ich riss mich zusammen, behielt die Straße im Blick und die Hände am Lenkrad und hörte weiter zu.

Lara wusste natürlich auch, wie geil ich inzwischen wieder war. »Schön auf den Verkehr achten, Süßer!«, ermahnte sie mich zweideutig. »Gleich zu Hause kannst du es mir richtig besorgen. Du willst mir doch bestimmt noch erklären, was ich heute Abend für ein böses Mädchen war, stimmt's? Eine, die sich einfach von einem fremden Typen so richtig hat durchficken lassen.«

Ich nickte nur, starrte geradeaus auf die Fahrbahn und wünschte mir, ich könnte uns direkt nach Hause beamen.

Lara war jetzt in ihrem Element und aufgedreht erzählte sie weiter: »Nachdem Tom mich so schnell zum Squirten gebracht hatte, hat er natürlich nicht mehr damit aufgehört. Er fand es richtig geil, das konnte man ihm anmerken, und ich mag es ja sowieso, wenn alles schön nass ist. Ohne seine Finger aus meiner Möse zu ziehen, hat er dann irgendwann seine Hose geöffnet und mir seinen Schwanz präsentiert. Ich kann dir sagen, der Prengel war steinhart und verdammt dick. Das Teil passte einfach zu diesem verwegenen Typen und ich habe mich natürlich nicht lange bitten lassen. Ich habe sofort zugegriffen und gerieben, während er weiter meine Möse gefingert hat. Er hat nicht aufgehört, bis ich ihn etwas gebremst habe, weil mir der Saft schon in die Stiefel gelaufen ist.«

Jetzt musste ich grinsen. Ich kannte Lara und wusste, dass sie keinen Mist erzählte. Wenn man bei ihr die richtige Stelle traf, dann squirtete sie so heftig, dass man ein Handtuch unterlegen musste, wenn man nicht in einer Pfütze stehen wollte.

»Er wollte jetzt unbedingt ficken, das konnte ich ihm anmerken«, erzählte Lara weiter, »aber ich musste meiner durchgefingerten Möse erst mal eine kleine Pause gönnen. Also habe ich mein Kleid ausgezogen und mich dann ganz langsam an seinem Körper hinabgleiten lassen. Auf dem Weg nach unten habe ich ihn auch gleich von seiner Hose befreit. Als ich breitbeinig vor ihm in der Hocke saß, nur noch mit meinen Stiefeln bekleidet, hatte ich seine dicke, glänzende Eichel direkt vor dem Gesicht. Da war schon einiges an Sperma herausgelaufen, das konnte ich sehen, also habe ich zuerst mal mit meiner Zunge genussvoll darübergeleckt. Dann habe ich ihn mit einem sanften Griff zu mir herangezogen und seinen harten Prengel in den Mund genommen.«

Oh Mann, Lara konnte so anschaulich erzählen, es kam mir vor, als hätte ich direkt neben ihr und Tom gestanden. Ich sah sie kurz von der Seite an, wurde aber direkt zurechtgewiesen. »Schau nach vorn, sonst erzähle ich nicht weiter!«

Sofort konzentrierte ich mich wieder auf die Fahrbahn und meine Frau fuhr mit ihrer Story fort.

»Es war allerdings ziemlich schnell offensichtlich, dass er, genau wie ich, die sanfte Tour gar nicht wollte. Ich habe langsam angefangen, aber schon nach ein paar Sekunden hat Tom mir in den Nacken gegriffen und mich festgehalten. Und dann hat er mir einfach in den Mund gefickt, zuerst noch ein wenig zurückhaltend, aber als er gemerkt hat, dass es mir gefallen hat, ist er richtig zur Sache gegangen. Er hat mir seinen Schwanz richtig tief reingeschoben, das war unglaublich geil, aber irgendwann habe ich ihn weggedrückt, weil ich würgen musste. Sofort hat er mein Handgelenk gepackt, mich nach oben gezogen und mich Richtung Couch geschoben. Da hat er dann nicht lange gefackelt, mich bäuchlings auf das Polster geworfen und war direkt über mir. Ich kann dir sagen, der Mann hat wirklich verstanden, worauf ich stehe. Er hat meine Beine auseinandergedrückt, mir seinen dicken Prengel einfach von hinten in die Möse geschoben und mich dann richtig hart gefickt!«

Jetzt bekam Laras Stimme diesen geil-versauten Unterton und schnell legte ich meine Hand auf ihren Oberschenkel. »Langsam, langsam, Schatz!«, sagte ich. »Ich glaube, du musst mal wieder ein bisschen runterkommen. Jetzt erzähle ich erst mal ein bisschen von Janine und mir.«

»Ja, das ist eine gute Idee«, stimmte Lara mir zu. »Viel habe ich von euch ja auch nicht mitbekommen. War es geil mit ihr?«

»Das kann ich dir sagen, das Ganze fing direkt mit einem Knaller an. Ich hatte kurz zu dir und Tom rübergeguckt, und gesehen, wie er angefangen hat, an deinen Titten zu fummeln. Eigentlich hatte ich Janine auf dem Sofa neben mir vermutet, aber als ich mich wieder zu ihr umgedreht habe, stand sie direkt vor mir. Sie hatte keinen Rock und keinen Slip mehr an und ihre nackte Möse schwebte direkt vor meinem Gesicht. Ihre Bluse hat sie anbehalten, aber untenherum war sie nur noch mit Netzstrümpfen und Stilettos bekleidet. Sie lächelte mich an und meinte: *Bedien dich!* Und als sie auch noch ein Bein auf dem Sofa abgestellt hat und ihre Möse sich leicht geöffnet hat, habe ich ihre Einladung natürlich umgehend angenommen. Meine Zunge ist sofort zwischen ihre Schamlippen gewandert und je intensiver ich alles erkundet habe, umso lauter hat sie gestöhnt. Sie war wirklich völlig ungehemmt, hat mit ihren Fingern ihre Möse sogar noch auseinandergezogen und mir alles angeboten. Sie hat verdammt geil geschmeckt und ich habe jeden möglichen Zentimeter ihrer Möse erkundet. Als ich angefangen habe, mit meiner Zunge intensiv an ihrer Klit zu spielen, hat sie mich weggedrückt, das wollte sie sich wohl noch ein bisschen aufsparen.

Puh, jetzt ist mir aber warm geworden, meinte sie lachend zu mir, und dann hat sie ihre Bluse und ihren BH ausgezogen und in einem eleganten Bogen über den nächsten Sessel geworfen. Sie hat sich vor mich hingekniet und im nächsten Moment hatte ich einen ihrer dunklen, abstehenden Nippel zwischen meinen Lippen. Sie hat wirklich geile Nippel und während ich abwechselnd an beiden gesaugt habe, hat sie mit routinierten Fingern meine Hose geöffnet und meinen Schwanz rausgeholt.

Wow, geiles Teil!, war ihr Kommentar, und davon ist er noch ein bisschen härter geworden, als er eh schon war. Innerhalb der nächsten Sekunden hat sie mir die Hose abgestreift und auch der Rest meiner Klamotten hatte keine Chance gegen ihre geschickten Finger. Sie hat mich auf das Sofa gedrückt, sich neben mich gelegt und ein Bein auf meiner Hüfte abgelegt. *Na mach schon, fass mich an!*, hat sie mir zugeflüstert, meine Hand gegriffen und direkt zu ihrer gespreizten Möse geschoben.

Sie war klatschnass und als ich angefangen habe, an ihrer Klit zu reiben, hat sie die Beine noch weiter auseinandergemacht und geradezu animalisch gestöhnt. Sie war unglaublich geil, konnte nicht genug davon bekommen und hat mich immer wieder gefragt, ob sie mir auch nass genug ist. Was für eine Frage! Ihr Mösensaft war überall, in meiner Hand, an der Innenseite ihrer Oberschenkel und auf der Decke, die über dem Sofa lag. Irgendwann habe ich es nicht mehr ausgehalten, ich wollte diese geile Frau endlich ficken. Ich habe mich auf den Rücken gedreht und sie auf mich gezogen. Erst mal habe ich mich ausgiebig mit ihren prallen, runden Pobacken beschäftigt, habe sie durchgeknetet und ihr ein paarmal ordentlich draufgehauen, was sie jedes Mal hat aufstöhnen lassen. Aber schon nach kurzer Zeit ist sie ungeduldig geworden. *Fick mich, ich will deinen Schwanz endlich drin haben!*, hat sie mir ins Ohr gestöhnt, meinen harten Riemen gegriffen und ihn direkt an ihrem nassen Loch angesetzt. Sie hat sich aufgesetzt und ohne Widerstand bin ich bis zum Anschlag in ihre enge Möse eingetaucht. Ich habe ihre Hüften umfasst, doch bevor ich angefangen habe, sie zu ficken, habe ich noch einen schnellen Blick auf den anderen Teil des Sofas geworfen. Ich wollte dich sehen, und das, was mir geboten wurde, hat mich fast zum Spritzen gebracht. Du lagst auf dem Bauch und Tom hat dich richtig hart von hinten durchgefickt. Ich habe sofort wieder weggeguckt, sonst hätte ich abgespritzt wie ein Teenager und das wäre bei der geilen Janine wohl nicht so gut angekommen.«

»Okay, ich erzähle dir davon!«, nahm Lara den Faden wieder auf. »Aber du musst mir versprechen, dass du auf die Straße achtest.«

Ich versprach es ihr, schließlich wollte ich unbedingt hören, wie es bei ihr weitergegangen war, und sie fing wieder an zu berichten. An ihrer Stimme konnte ich hören, wie geil sie immer noch war, wenn sie an das Erlebte zurückdachte.

»Tom hat es mir genau so besorgt, wie ich es mag. Ich lag flach auf dem Sofa, er hat mich mit einer Hand auf das Polster gedrückt und dann mein eines Bein nach oben geschoben, damit er richtig tief in mich reinficken konnte. Ich konnte mich nicht rühren, während er mich mit seinem dicken Prengel durchgenommen hat. Sein Schwanz ist dabei immer härter geworden, und irgendwann habe ich ihm ein Zeichen gegeben, dass er aufhören soll. Ich wollte nicht, dass er schon spritzt. Er hat sofort reagiert, seinen Griff gelockert und mich angegrinst. *Alles klar, Süße, du hast ja recht! Ich will ja nicht schon vor dir kommen,* meinte er. *Sag mir einfach, was ich für dich machen kann!*

Kannst du genauso gut lecken wie ficken?, wollte ich von ihm wissen.

Sein Grinsen wurde breiter. *Leg dich doch einfach mal auf den Rücken*, forderte er mich auf, *dann wirst du es erfahren.*

Natürlich habe ich mich sofort umgedreht. Er hat sich auf den Boden gekniet und ich habe mich so platziert, dass er sich genau zwischen meinen Beinen befand. Meine Füße habe ich auf dem Rand der Couch abgestellt und ich konnte sofort sehen, dass ihm der Anblick, der sich ihm so bot, verdammt gut gefiel. Er flüsterte irgendwas von *geil* und *unersättlich,* während er mir zwischen die Beine starrte. Dann beugte er sich vor, seine Lippen und seine Zunge berührten meine Möse und sein Speichel vermischte sich mit meinem Saft. Er hat echt gut geleckt, mal sanft, dann wieder ganz schnell, hat alles mit seiner Zunge erkundet und dann irgendwann angefangen, sich auf meine Klit zu konzentrieren. Du weißt ja, wie ich dabei abgehe, da gibts dann einfach kein Halten mehr für mich. Mein Orgasmus ist so schnell und heftig gekommen, dass Tom offensichtlich ein bisschen überrascht davon war. Aber er hat dann super reagiert, hat weitergeleckt und sich zwischendurch immer wieder meine zuckende Möse angeschaut. Und als das Zucken langsam nachließ und ich nicht mehr ganz so laut gestöhnt habe, hat er meine Beine auseinandergedrückt, mir seinen total harten Pimmel reingeschoben und angefangen mich wie wild zu ficken. Ich konnte es selbst kaum glauben, aber das hat sich in dem Moment so geil angefühlt, dass es mir direkt noch einmal gekommen ist! Als das Zucken in meiner Möse so schnell schon wieder losging, war es dann auch für Tom zu viel. Er hat laut aufgestöhnt und dann hat er sein Sperma mit harten Stößen in meine zuckende Pussy gepumpt. Aber das hat ihm nicht gereicht, nach ein paar Stößen hat er seinen Schwanz aus mir rausgezogen, den Riemen mit einer Hand weitergewichst und den Rest seines heißen Saftes über meinen Titten verteilt, bis ich total eingesaut war.«

Ich löste meinen Blick kurz von der Fahrbahn und sah Lara an. Mit entrücktem Blick saß sie neben mir und ich konnte durch den dünnen Stoff ihres Kleides ihre abstehenden Nippel sehen.

»Muss ein geiler Anblick für Tom gewesen sein!«, kommentierte ich die Szene. »Echt schade, dass ich das verpasst habe.«

Meine Worte holten Lara offensichtlich aus dem Film, der gerade in ihrem Kopf ablief, zurück.

»Ja, das war es wohl«, stimmte sie mir zu. Und dann: »Hey, wir sind gleich zu Hause, jetzt möchte ich aber auch noch hören, wie es bei dir und Janine weitergegangen ist!«

Nur noch zwei Kilometer, schoss es mir durch den Kopf. Jetzt hieß es, den Erregungslevel aufrechtzuerhalten, denn dann wartete der unumstrittene Höhepunkt des Abends zu Hause auf mich. Ich würde meine Frau ficken, meine Göttin, das geilste Weib auf Erden, und es gab nichts, was da herankommen konnte. Ich überlegte kurz, wo ich mit meiner Erzählung stehen geblieben war – ach ja, Janine und ich hatten auf dem Sofa gelegen, ich hatte ausgiebig ihre Möse befummelt und dann hatte sie sich auf mich gesetzt.

»Ich lag also unter Janine und sie hat angefangen, mich zu reiten«, griff ich meine Story wieder auf. »Sie hatte einen super Hüftschwung drauf, aus meiner Perspektive sah das unglaublich sexy aus. Ihr ganzer Körper hat sich schlangenhaft bewegt und ihre großen Titten sind dabei rauf- und runtergehüpft. Mein Schwanz wurde unglaublich stark von ihrer engen nassen Möse gerieben und als ich meine Hände um ihre dicken Titten gelegt und angefangen habe, an ihren harten Nippeln zu spielen, habe ich mich gefühlt wie im Paradies. Und sie anscheinend auch, denn sie hat mir ihre Titten geradezu entgegengedrängt und mich immer wieder aufgefordert, richtig hart anzufassen. Irgendwann hat sie mit ihrem geilen Ritt aufgehört, hat meinen zum Bersten angespannten Schwanz aus ihrer Möse entlassen und ist dann langsam nach unten geglitten. Als ihre Lippen meine vom Mösensaft nasse, harte Latte umschlossen haben, habe ich gedacht, dass ich das keine drei Sekunden durchhalten würde, ohne zu spritzen. Aber sie hat das so geschickt gemacht, dass er zwar unglaublicherweise noch ein bisschen härter geworden ist, aber ich trotzdem nicht spritzen musste. Sie hat ein bisschen gesaugt, ein bisschen mit ihrer Zunge an der Eichel gespielt und dann hat sie mich von unten mit laszivem Blick angesehen. *So, jetzt ist er so hart, wie ich es mag!*, waren ihre Worte. *Und jetzt darfst du mich von hinten ficken.*

Und dann hat sie sich umgedreht, sich auf alle viere gestellt und mir ihren unglaublich geilen Arsch präsentiert.

Ich war sofort hinter ihr und habe meine steinharte Latte in ihrer Möse versenkt. Sie wollte es hart haben, das hat sie mir deutlich zu verstehen gegeben, und genau so habe ich es ihr auch gemacht. Sie hat ihren Arsch dabei so geil in die Höhe gereckt, dass ich immer wieder kurz davor war, in ihr Arschloch zu wechseln, aber ich habe mich zurückgehalten. *Den Arschfick bewahre ich mir für die nächste Gelegenheit auf*, war mein Gedanke. *Wir sehen uns bestimmt heute nicht zum letzten Mal.* Weil der Anblick aber einfach zu geil und einladend war, habe ich ihr dann meinen Finger in den Arsch geschoben und damit habe ich bei ihr wohl eine Initialzündung ausgelöst. Sie ist explosionsartig gekommen, hat geschrien und sich unter mir gewunden und dann gab es für mich natürlich auch kein Halten mehr. Ich habe noch ein paarmal zugestoßen und dann meinen Schwanz aus ihrer Möse gezogen. Ein unglaublicher Schwall Sperma kam aus meinem Pimmel hervorgeschossen und ich habe alles auf ihre prallen, runden Arschbacken geschossen und dann mit meinen Händen verteilt. Oh Mann, das war ein selten geiler Anblick!«

Ich spürte, wie Lara ihre Hand auf meinen Oberschenkel legte. »Perfektes Timing«, meinte sie und deutete durch die Frontscheibe auf unser Haus am Ende der Straße. Ich sah, dass sie den Haustürschlüssel schon in ihrer Hand hielt. »Gib Gas«, forderte sie mich auf, »ich halte es kaum noch aus!«

Bei heisser Musik hemmungslos verführt

»Entschuldigung, hättest du vielleicht einen Moment Zeit für mich?«

Ich schaute kurz nach links, ob eventuell mein Kollege gemeint war, sah aber sofort, dass Victor einige Meter von mir entfernt mit einem Kunden sprach. Mist, die Frau konnte also nur mich gemeint haben, aber da ich mit dem Rücken zu ihr hinter dem Tresen stand, um ein paar Vinylscheiben zu etikettieren, reagierte ich nicht sofort. Ich stellte mich taub und tat einfach so, als hätte ich nichts von ihrer Frage mitbekommen. Schließlich war es kurz vor Feierabend und jeder Kunde hatte in den letzten fünf Stunden ausreichend Zeit gehabt, die eine oder andere Vinylperle hier auf der Schallplattenbörse für sich zu ergattern. Der Saal hatte sich fast völlig geleert, in fünfzehn Minuten würden sich die Türen für die Kunden schließen, und die meisten anderen Händler hatten schon damit begonnen, ihre Ware wieder zu verpacken. Ich hatte Erfahrung genug, um zu wissen, dass diejenigen, die jetzt noch nichts gefunden hatten, auch in den letzten paar Minuten nichts mehr finden würden.

Verschwendete Zeit für mich, aber trotzdem drehte ich mich leicht genervt in Richtung der Frau, denn wenn ich auch keine Lust mehr auf ein Verkaufsgespräch hatte, so interessierte es mich doch, zu sehen, zu wem wohl diese angenehm dunkle Stimme gehörte.

Ich tat allerdings weiterhin total beschäftigt und hielt einen großen Stapel Platten in Händen, während ich mich ihr zuwandte. Mit gelangweiltem Gesichtsausdruck hob ich langsam den Blick und sah direkt in ein Paar faszinierend grüne Augen.

»Vielen Dank, dass du dir noch die Zeit für mich nimmst! Ich weiß ja, dass ich sehr spät dran bin, aber ich habe es leider nicht früher geschafft.«

Ihre Stimme hatte wirklich einen äußerst angenehmen Klang und passte perfekt zu ihrem Gesicht, wie ich fand. Obwohl ich sie jetzt unverhohlen anstarrte, redete sie unbeirrt weiter: »Ich will dich auch nicht lange aufhalten, sondern komme sofort zur Sache. Ich bin auf der Suche nach genau drei Platten!«

Ich starrte sie weiterhin nur an und kam gar nicht auf die Idee, selbst mal was zu sagen. Als sich ein leichtes Grinsen in ihr Gesicht schlich, kam ich langsam wieder zur Besinnung. Wenn ich weiterhin so sprachlos hier herumstand, würde sie mich zweifellos für einen Volldeppen halten, und das wollte ich ganz plötzlich unbedingt vermeiden. Ich war froh, dass sonst niemand in der Nähe war, der uns beobachtet oder gehört haben könnte, denn jetzt war es mir auf einmal total peinlich, mich so unhöflich ihr gegenüber benommen zu haben. Ihr Lächeln war bezaubernd und absolut betörend und ihre gesamte Erscheinung war etwas ganz Besonderes. Die Inkarnation einer 70er-Jahre-Schönheit, die aber gleichzeitig total hip aussah.

Ich war völlig geflasht. Die Lady war ein totaler Knaller in ihrem perfekten Retrostyle. Outfit, Make-up und Frisur waren genial aufeinander abgestimmt und sahen einfach klasse aus. Ihr ärmelloser Jumpsuit war in einem psychedelischen Durcheinander in Gelb, Weiß und Braun gemustert. Das Teil war hauteng geschnitten und saß an ihrem göttlichen Körper wie eine zweite Haut.

Obwohl ich mich bemühte, nicht auf ihre Titten zu starren, war ich mir sicher, dass sie meine Blicke bemerkt hatte, denn während sie immer noch auf eine Antwort von mir wartete, hatte sie völlig beiläufig ihre langen braunen Haare, die ihr die ganze Zeit auf so eine lasziv-erotische Art ins Gesicht gefallen waren, nach hinten geworfen. Das reichte, um meinen Blick wieder auf ihr Gesicht zu lenken und nun ihre ausgeprägten Wangenknochen und ihre unglaublich sinnlichen Augen zu bewundern. Obwohl ich jetzt in ihr Gesicht starrte, konnte ich die Gedanken an ihre Nippel, die sich durch den dünnen Stoff abgezeichnet hatten, nicht ganz zur Seite schieben.

»Ähm, womit kann ich dir denn helfen?«, stotterte ich nach einer gefühlten Ewigkeit mit leicht brüchiger Stimme. Ich kam mir vor wie ein Volltrottel.

»Ich bin auf der Suche nach drei klassischen Rockalben der Sechziger- und Siebzigerjahre. Die Alben sind alle drei als Vinylscheiben wiederveröffentlicht und in den letzten Jahren noch mal neu herausgebracht worden.«

Okay, wenn ich ganz viel Glück hatte, konnte ich ihr tatsächlich weiterhelfen, denn Neuware hatte ich im Gegensatz zu den meisten anderen Ausstellern reichlich zu bieten. Vinyl erlebte seit einigen Jahren ein unglaubliches Comeback und die Sammler waren heiß auf alte Musik in neuer, guter Qualität. Ich war gespannt, was die Lady wohl suchen würde, und hoffte inständig, wenigstens einen ihrer Wünsche erfüllen zu können.

»Also«, setzt sie an, »ich suche das erste Album von Santana, das Debütalbum der Doors und Led Zeppelins beste Scheibe, ›IV‹. Habe ich eine Chance?«

Ihre Frage war von so einem sinnlichen, verführerischen Lächeln begleitet, dass meine Gedanken schon wieder abschweiften. Wie sie wohl nackt aussah? Gerade formte sich ein Bild vor meinen Augen, als das Gesagte in meinem Gehörgang ankam. Sofort war ich wieder zurück in der Realität. Was war ich doch für ein unglaublicher Glückspilz!

Mit einem breiten Grinsen im Gesicht verkündete ich: »Du hast eine Chance! Zwei von den Alben habe ich auf jeden Fall. Bei dem dritten muss ich eben nachschauen, das hat mein Kollege vorhin einem Kunden gezeigt. Aber vielleicht hast du ja Glück und er hat es nicht verkauft. Ich schau mal schnell nach.«

Ich war mächtig aufgeregt, legte schnell den Stapel Platten, den ich immer noch in den Händen hatte, beiseite und beugte mich über den Vinyltresen vor mir. Ich wusste genau, wo meine Schätze standen, hatte im Handumdrehen die erste Scheibe in der Hand und reichte ihr die gesuchte Led-Zeppelin-Platte über den Tresen.

»Wow, das ging aber schnell!« Freudestrahlend nahm sie die Platte entgegen und fing an, das Cover zu studieren. Natürlich nutzte ich das aus, um die Lady noch einmal etwas genauer zu betrachten. Ich schätzte sie auf Mitte dreißig, also knapp zehn Jahre älter, als ich es war. Keine Ahnung, ob ich damit richtig lag, aber das war auch völlig egal. Ich war jedenfalls megahappy, ihr helfen zu können.

Die anderen beiden Alben waren auf der anderen Seite des Tresens einsortiert, das wusste ich, also verließ ich meinen Platz und ging rüber. Jetzt stand ich neben ihr und der angenehme, dezente Duft eines orientalisch anmutenden Parfüms drang in meine Nase. Wow, was für eine sexy Frau! Da stimmte einfach alles!

Schnell durchblätterte ich die Box mit den Klassikern und hielt ein paar Sekunden später die Scheibe von Santana triumphierend in den Händen.

Begeistert nahm sie sie entgegen. »Du bist ja echt ein Schatz. Da bin ich durch Zufall aber genau an den Richtigen geraten!« Ihr kleines Kompliment ging bei mir runter wie Öl und als sie mir auch noch einen tiefen Blick aus ihren grünen Augen schenkte, fühlte ich mich wie im siebten Himmel. Obwohl sie das Album längst in ihren Händen hielt, konnte ich meinen Blick nicht abwenden.

»Wenn du jetzt auch noch die Doors-Platte findest«, unterbrach sie mein Starren, »dann hast du einen Wunsch bei mir frei!« Das Blitzen in ihren Augen war mir nicht entgangen und ich war mir sehr sicher, dass sie ihren Spruch nicht nur so daher gesagt hatte. *Bitte*, schickte ich ein Stoßgebet zum Himmel, *lass das Album noch hier stehen!* Leicht nervös begann ich mit der Suche. The Doors hatten eine eigene große Kiste, die sich heute im Laufe des Tages ziemlich geleert hatte. Aber schon nachdem ich die ersten drei Platten durchgeblättert hatte, blickte ich in das Gesicht von Jim Morrison, der mich vom Cover seines Debütalbums ansah. Heute war mein Glückstag, das stand jetzt fest. Mit einem schnellen Griff zog ich die Platte aus der Kiste und hielt sie ihr lässig entgegen. »Und da ist sie schon, 180 g Vinyl, perfekt remastered!«

»Wow, das ist ja ein Traum!« Sie strahlte mich glücklich an. »Damit habe ich heute wirklich nicht mehr gerechnet. Alle drei Platten! Das muss wirklich belohnt werden! Hast du Lust auf ein kühles Getränk und gute Musik? Meine Wohnung ist hier direkt um die Ecke, da habe ich alles, was man dafür braucht. Na, wie sieht es aus, Zeit und Lust?«

Wahnsinn, jetzt war die Lady plötzlich die pure Offensive und sie schien es wirklich ernst zu meinen. Für mich gab es da gar nichts zu überlegen.

»Klar, gern! Ich bin dabei. Hier ist eh gleich Feierabend. Ich packe die Ware noch eben in meinen Van zurück und dann kann ich in einer Stunde bei dir sein.«

»Super, das passt perfekt.«

Während sie mir das Geld für die drei Platten überreichte, hatte sie wieder diesen verführerischen Blick drauf. »Ich bin übrigens Viola, und wie heißt du?«

»Ich bin Leon. Wenn du mir deine Adresse gibst, bin ich um fünf bei dir!«

»Körnerstraße 11. Zweimal rechts abbiegen und dann bist du schon da.« Und dann trat sie doch tatsächlich einen Schritt auf mich zu und sagte: »Ich kann es kaum erwarten!« und gab mir einen hauchzarten Kuss auf die Wange.

Ich konnte meinen Blick nicht von ihrem verführerisch schwingenden Hintern abwenden, als sie den Saal verließ. War es Zufall gewesen, dass ihre Brüste bei dem Kuss meinen Arm gestreift hatten? Ich glaubte es nicht.

***

Eine Stunde später öffnete sich ihre Wohnungstür und Viola führte mich in ihr Wohnzimmer, das von einem großen beigen Sofa, das mit jeder Menge verschieden gemusterter Kissen bestückt war, dominiert wurde. Mir schossen direkt ein paar Bilder durch den Kopf, was man auf diesem Sofa so alles anstellen könnte, und ich hoffte inständig, dass genau das der Plan war.

Viola zeigte auf das Sofa. »Mach es dir gemütlich! Ich lege mal eine meiner neuen Errungenschaften auf, dann mache ich uns dazu ein passendes Getränk!«

Ihre Vinylsammlung war beeindruckend, zwei volle Regale schraubten sich imposant neben ihrer Anlage in die Höhe. Entspannt lehnte ich mich zurück und mit den ersten Tönen von ›Break on through‹ von den Doors verschwand sie tanzend in der angrenzenden Küche.

Mit zwei Martinis in den Händen kam sie wieder zurück und setzte sich zu mir. Wir stießen an, tranken, und dann schaute sie mich wieder mit ihren tiefgrünen Augen an. »Und, Lust auf ein bisschen freie Liebe?«

Ich gebe zu, im ersten Moment war ich ein bisschen überrumpelt. So schnell und so direkt bin ich noch nie gefragt worden, aber umso geiler fand ich es.

Ich stellte mein Glas zur Seite und antwortete ihr. »Ja, große Lust!«

Sie beugte sich vor und sanft berührten ihre verführerisch geschwungenen Lippen meinen Mund. Diese Frau war wirklich Erotik pur. Mit geschlossenen Augen nahm ich ihren Duft wahr, sinnlich und erregend. Ihre warmen Lippen hinterließen ein angenehmes Kribbeln auf meinen, und als sich ihr Mund leicht öffnete und unsere Zungen sich berührten, schlug ich die Augen noch einmal auf. Ihre tiefgrünen Augen fixierten mich und für einen winzigen Augenblick hatte ich das Gefühl, darin einen kleinen Triumph aufblitzen zu sehen. Ich war ihre Beute, war in ihre Falle getappt, genau das sagten sie mir. Doch das war mir herzlich egal, denn diese Frau war der reine Wahnsinn und sie konnte von mir aus mit mir machen, worauf sie Lust hatte. Ich würde keinen Fluchtversuch unternehmen.

Als Nächstes spürte ich ihre Hand, die sich auf meine Brust legte. Ihre Finger strichen langsam forschend über mein Shirt. Um sie ein wenig zu beeindrucken, spannte ich meine Muskeln an und tatsächlich belohnte sie es mit einem kleinen, sexy Seufzer. Als ihre Fingerkuppen meinen Hals erreichten, streichelte sie sanft darüber, berührte dann mein Gesicht, tastete sich an den Konturen entlang und strich über meine Augenbrauen, ohne unseren leidenschaftlichen Kuss zu unterbrechen.

Das Blut schoss in meinen Schwanz, ich konnte nichts dagegen machen, und passenderweise hörte ich Jim Morrisons Stimme aus den Boxen ›Come on baby, light my fire!‹. Für einen kurzen Moment fragte ich mich, ob die ganze Nummer hier nach einem Drehbuch ablief, aber bevor ich mich mit diesem Gedanken näher befassen konnte, hatte Viola wieder einen dieser sexy Seufzer von sich gegeben und sofort hatte sie meine volle Aufmerksamkeit zurückgewonnen. Ich konnte mich nicht erinnern, schon einmal so intensiv geküsst worden zu sein, und mein harter Ständer fühlte sich in der engen Jeans schon längst nicht mehr wohl. Er wollte ganz dringend befreit werden, war mehr als bereit für die angekündigte freie Liebe und sehnte sich nach allen möglichen Sauereien. Und dass Viola eine ganze Menge Sauereien mit mir vorhatte, davon war ich inzwischen überzeugt.

Wie zur Bestätigung wanderte ihre Hand plötzlich entschlossen abwärts und stoppte erst, als sie auf der prallen Ausbuchtung in meiner Hose lag. *Ja, Baby,* dachte ich, *hol ihn raus! Du kannst alles mit ihm machen, was du willst!*

Doch ganz unerwartet unterbrach sie unseren Kuss, sah kurz in mein erstauntes Gesicht und stand dann auf. »Ich habe Lust zu tanzen und du darfst mir dabei zusehen!« Ich war ein wenig überrascht, doch da ich es mir auf keinen Fall mit ihr verderben wollte, hielt ich einfach die Klappe. Ich sah ihr zu, wie sie zu ihrem Plattenregal ging, zielsicher das eben gekaufte Santana-Album herauszog und es auf den Plattenteller legte. Ihre Sandalen flogen in eine Ecke und dann legte sie zu ›Evil Ways‹ so was von geil los, dass mir fast der Unterkiefer herunterklappte.

Die letzten Sonnenstrahlen tauchten den Raum in ein wunderschönes Licht, das einfach perfekt zu den Farben ihres Jumpsuits passte. Der Song hatte einen coolen Rhythmus, zu dem sie sich atemberaubend lasziv bewegte. Ihre Hüften kreisten, ihre langen Haare wirbelten durch die Luft und ihre traumhaften Rundungen bewegten sich mit den immer wilder werdenden Rhythmen in völliger Harmonie.

Dennoch hatte sie mich beim Tanzen immer im Blick, spielte mit mir und genoss meine faszinierten, gierigen Blicke. Die Rhythmen wurden immer schneller, ihre Bewegungen immer wilder und dann sah ich, wie ihre Hände an den Neckholder ihre Jumpsuits griffen und den Knoten lösten. In diesem Moment schien die Raumtemperatur, um ein paar Grad zu steigen, und ich spürte, wie sich auf meiner Stirn eine kleine Schweißperle bildete.

Als der obere Teil des Kleidungsstücks auf ihre Hüften sank, drehte sie sich blitzschnell um. Mit kreisenden Bewegungen präsentierte sie mir ihren runden, wohlgeformten Po und dann schob sie im Rhythmus der Musik den Jumpsuit Stück für Stück über ihre Hüften, bis er schließlich einfach nach unten fiel. Jetzt trug sie nur noch einen kleinen Slip. Immer noch tanzend drehte sie sich wieder zu mir um und sah mich mit funkelnden Augen an. Ihre Titten waren der Wahnsinn, nicht zu groß und nicht zu klein, und sie wippten im Rhythmus der Musik hin und her. Die Nippel waren hart und dunkel und standen nach vorn ab, so als wenn sie mir sagen wollten: »Saug an uns!«

In diesem Moment wollte ich mit niemandem auf diesem Planeten tauschen. Als sie begann, auch ihr letztes Kleidungsstück, den kleinen Slip, nach unten zu schieben, fühlte sich mein Schwanz an, als würde er gleich platzen.

Meinen überraschten Gesichtsausdruck, als der Slip nach unten fiel, hatte sie sofort registriert, und mit zwei schnellen, tanzenden Schritten war sie bei mir. Sie beugte sich vor und legte ihre Lippen an mein Ohr. »Hast du noch nie eine behaarte Möse gesehen, Kleiner?«, flüsterte sie, und es war keine Spur von Unsicherheit in ihrer Stimme.

Das hatte ich in der Tat noch nicht. »Ähm, nein, noch nie«, stotterte ich ein bisschen, denn ich war mir noch keineswegs sicher, was ich davon halten sollte. »Aber sieht geil aus, ich bin es nur nicht gewohnt, deshalb meine Überraschung!«, schob ich noch hinterher.

»Dann lernst du heute mal was Neues kennen«, flüsterte sie, stellte sich wieder auf und schob ihre Hüfte nach vorn. Meine gerade noch gehegten Zweifel waren auf der Stelle verflogen. Ich beugte mich vor und während meine Hände sich um ihre runden Pobacken schlossen, küsste ich das dunkle Dreieck zwischen ihren Beinen. Die Haare waren ganz weich, dufteten nach Blüten und wirkten sofort wie ein zusätzliches Aphrodisiakum auf mich. Überrascht stellte ich fest, dass mich ihr voller Busch richtig anmachte, und ich saugte seinen intensiv wilden Geruch tief in meine Nase. Als ich danach den Blick hob und den ungezügelten Ausdruck in ihren Augen sah, wusste ich, dass ich jetzt fällig war.

Ein kurzes, wissendes Lächeln, dann ging Viola in die Knie. Geschickt öffnete sie zuerst den Gürtel und dann die Knopfleiste meiner Hose und endlich konnte mein Schwanz der unerträglichen Enge entfliehen.

Viola sah ziemlich hingerissen aus, stellte ich erleichtert fest. »Oh, was für ein schönes, dickes Rohr!«, kommentierte sie. »Lass dich mal von mir bewundern!« Und schon zog sie mir die Jeans samt Slip von den Beinen und sah sich völlig ungehemmt meinen Ständer an. Mein Shirt zog ich mir einfach selbst über den Kopf. Jetzt waren wir beide völlig nackt, das war schnell gegangen, und ich fand es richtig geil.

Nach kurzer Zeit hatte Viola offensichtlich genug gesehen, denn sie stand wieder auf und stellte sich mit gespreizten Beinen über mich. Sie wiegte ihre Hüften ganz leicht im Takt der Musik und gab mir Gelegenheit, ihren Busch noch ein bisschen zu bewundern. Gerade wollte ich mich vorbeugen, um noch einmal in diesen wilden, neuen Geruch einzutauchen, als sie mir zuvorkam.

»Dein Schwanz sieht echt geil aus. Hast du was dagegen, wenn ich mich da mal draufsetze?«

Was für eine Frage! Natürlich hatte ich überhaupt nichts dagegen. »Nein, mach nur!«, keuchte ich mit rauer Stimme. Ich griff nach meiner Latte und hielt sie ihr entgegen. Augenblicklich legte sie mir die Hände auf die Schultern und ließ ihr Becken zielgenau abwärts sinken.

Mein hartes Rohr drang in ihr geiles Loch ein. Es war eng, heiß und feucht, und kurz musste ich daran denken, dass es mir bisher noch nie passiert war, in eine Möse einzudringen, ohne sie vorher nicht ausgiebig befummelt zu haben. Völlig egal, hier war kein Vorgeplänkel nötig, das war eindeutig.

Langsam ließ sie sich immer tiefer sinken, nahm meinen Schwanz in sich auf und fixierte mich dabei die ganze Zeit mit ihren unglaublichen Augen. Meine Hände umschlossen ihre Pobacken und als ein flüchtiges Zittern ihren Körper durchlief, konnte ich es genau spüren. Ihr nackter Körper duftete genauso gut wie ihre Möse und die Haut unter meinen Händen fühlte sich samtweich an. Ich war ohne Zweifel im Paradies gelandet!

Mit einem tiefen Seufzer setzte sie sich komplett auf meinen Schwanz und fing an, mich zu ficken. Schnell hatte ich verstanden, dass auch ihr Ficken ganz vom Rhythmus der Musik bestimmt war, und als nach ein paar Sekunden der Song wechselte und die ersten Klänge von Santanas ›Jingo‹ ertönten, ging sie richtig ab. Unglaublich, wie sie ihren Körper mit meinem Schwanz in ihr zu den wilden Rhythmen bewegte.

Ich hatte keine Chance, selbst zu agieren, also ließ ich mich einfach mitreißen und genoss den Anblick der schönen, wilden Frau auf mir und die Reibung ihrer nassen Möse, die meinen Riemen immer härter werden ließ. Ich sah ihr einfach zu, und als sie ihren Kopf und ihren Oberkörper wie in Ekstase nach hinten beugte und mir ihre herrlichen Titten präsentierte, musste ich einfach zugreifen. Sie fühlten sich genauso gut an, wie sie aussahen, und schnell reichte es mir nicht mehr, sie nur anzufassen.

Ich führte meinen Mund zu ihren Nippeln und umschloss sie mit meinen Lippen. Zuerst saugte ich noch behutsam, was gar nicht so einfach war bei dem wilden Ritt, den Viola auf meinem Schwanz hinlegte. Doch schon nach kurzer Zeit wurden ihre Bewegungen ruhiger und sie drängte mir ihre Brüste stöhnend entgegen. Sie wollte mehr, wollte die härtere Tour und die bekam sie natürlich. Ich saugte ihre Nippel abwechselnd tief in meinen Mund und sie stöhnte lustvoll dazu. Ihr Körper reagierte sofort auf mein Saugen, ich konnte fühlen, wie ihr Mösensaft erst den Schaft meines harten Riemens einnässte und dann an meinen Eiern entlanglief, ein Gefühl, was mich total anturnte.

Doch da ich unbedingt diese wahnsinnig geile Frau in ihrer Ekstase sehen wollte, überließ ich es nach einer Weile meinen Fingern, ihre Nippel zu bearbeiten, und sah ihr wieder dabei zu, wie sie sich stöhnend auf mir bewegte. Für einen kurzen Moment hatte ich das Gefühl, dass ich nun bestimmte, wo es langging, doch dann warf sie ihren Körper plötzlich nach vorn, stützte sich auf meinen Schultern ab und ließ meinen Schwanz aus ihrer Möse gleiten.

»Zeit für etwas Abwechslung«, verkündete sie, während sie mir einen geilen Blick zuwarf. »Ich habe große Lust, dir dein Prachtstück mal zu blasen.« Okay, ich hatte mich getäuscht, selbstverständlich bestimmte sie weiterhin den Ablauf unserer geilen Nummer, aber so, wie es lief, hatte ich ganz und gar nichts dagegen.

Mit einer eleganten Bewegung setzte sie sich neben mich auf das Sofa. »Na komm, stell dich zwischen meine Beine«, forderte sie mich auf, »dann habe ich deinen Schwanz genau auf der richtigen Höhe!« Sie spreizte aufreizend ihre Schenkel und natürlich folgte ich ihren versauten Anweisungen umgehend. Ihre Hand umschloss meinen nassen, nach oben stehenden Riemen und ich konnte sehen, wie sich sofort ein erster Lusttropfen auf der Eichel bildete.

»Ja, so mag ich es!«, flüsterte sie, und dann hob sie den Blick und sah mir direkt in die Augen. »Und was soll ich jetzt mit diesem geilen Teil machen? Sag es mir!« Ihr Blick sprach Bände und während sie auf eine unglaublich versaute Art zu mir hochsah, berührten ihre Lippen ganz beiläufig meine pralle Eichel.

Oh verdammt, allein die Vorstellung, dass sie sich meinen Schwanz gleich in den Mund schieben würde, ließ mich keinen klaren Gedanken fassen. Ihr Griff wurde fester, langsam schob sie die Vorhaut zurück und legte die dunkle, glänzende Eichel ganz frei. »Und?«, fragte sie noch einmal. Dabei umschlossen die Finger ihrer anderen Hand meine Eier und das machte mir das Antworten nicht gerade leichter. Aber ich riss mich zusammen, denn sie sah nicht so aus, als wenn sie sich mit Schweigen zufriedengeben würde.

»Bitte nimm ihn in den Mund, lutsch ihn mir, ich will deine Lippen und deine Zunge spüren!«, presste ich heraus.

»Das möchtest du, du Sau? Ich soll dein hartes Rohr in den Mund nehmen und ihn dir richtig geil blasen?«

Ich nickte mechanisch und an ihrem Gesichtsausdruck konnte ich sehen, dass sie mit dieser Antwort zufrieden war.

Ihre Zunge leckte einmal an meinen Eiern entlang und dann ließ sie sie mit geöffnetem Mund ganz langsam an der Unterseite meines Schwanzes nach oben wandern. Oben angekommen leckte sie den Lusttropfen von meiner Eichel und umschloss sie dann mit ihren sanften Lippen. Zentimeter für Zentimeter verschwand mein harter Schwanz in ihrem Mund.

Ah, verdammt, das sah so geil aus und es fühlte sich mindestens ebenso geil an. Sie nahm ihn ganz tief auf und dann ließ sie ihn langsam fast wieder ganz herausgleiten. Dieses kleine Ritual wiederholte sie mehrmals, ließ meinen Schwanz genussvoll fast komplett verschwinden und entließ ihn dann Stück für Stück wieder aus ihrem warmen Mund.

Doch plötzlich wurde der Druck ihrer Lippen intensiver und ihre Zunge deutlich ungestümer. Zuerst konzentrierte sie sich dabei auf meine angeschwollene Eichel, saugte sich fest und ließ wieder locker, doch dann wurde auch der Rest des Schwanzes härter bearbeitet. Unglaublich, wie gut sie blasen konnte. Der Wechsel von zart zu hart ließ meinen Riemen noch ein bisschen mehr anschwellen, ihre flinke, rastlose Zunge war der Wahnsinn und ihre Lippen umschlossen mein Rohr so druckvoll, dass ich spürte, wie das Sperma langsam Richtung Ausgang stieg. Dabei hielt sie die ganze Zeit meine Eier mit einer Hand umschlossen und je härter sie meinen Ständer lutschte, umso fordernder zog sie an meinen Eiern. Sie war die pure Leidenschaft beim Blasen, variierte immer wieder zwischen der harten und der zarten Gangart und als ich mich direkt vor dem Point of no Return befand, hörte sie auf und sah mit laszivem Gesichtsausdruck zu mir hoch.

»So mag ich es, ein hartes dickes Rohr und richtig pralle Eier! Aber ich glaube, ich gönne denen jetzt lieber mal eine kleine Pause, sonst ist der Spaß hier viel zu schnell vorbei. Lust zu lecken?«

Das war genau das, was ich jetzt gern machen wollte, und sie schien es in meinem Gesicht lesen zu können. Ohne eine Antwort abzuwarten, legte sie sich auf das Sofa und zog mein Gesicht zwischen ihre Beine. In diesem Augenblick wurde mir zum ersten Mal wieder bewusst, dass ich hier Neuland betrat.

»Nur keine Scheu!«, ermunterte sie mich und vorsichtig näherte ich mich ihrem dunklen, weichen Busch. Sie spreizte die Beine weiter auseinander und als ihre Schamlippen sich teilten, konnte ich ihr rosafarbenes Innenleben sehen. Der Kontrast zwischen den dunklen Haaren und der nass glänzenden rosa Möse machte mich viel mehr an, als ich erwartet hatte, und ich stöhnte leise auf. Als sie dann auch noch mit ihren Fingern ihre Schamlippen weiter auseinanderzog und mir ihr verlockender Mösenduft in die Nase stieg, hätte ich mich am liebsten sofort hemmungslos wie ein wildes Tier auf sie gestürzt. Mein Ständer war knüppelhart und pulsierte zwischen meinen Beinen, doch ich hielt mich zurück. Langsam strich ich mit meinem Zeigefinger durch ihren offenen, feuchten Spalt. Ich machte das sanft, erforschte das unbekannte Terrain vorsichtig und sog dabei einen erotischen Duft ein, den ich überhaupt nicht einordnen konnte und so nicht kannte.

Während ich noch fast wie in Trance meinen Finger durch ihren Spalt gleiten ließ und den neuen, total anregenden Anblick genoss, wurde meine wilde Stute schon wieder ungeduldig.

»Spiel nicht nur mit meiner Möse, du darfst sie gern auch mal lecken!«, forderte sie mich auf und schob sich mir entgegen. Ich senkte meinen Kopf zwischen ihre Beine, traf mit meinem Mund zielgenau ihre Klitoris und als ich anfing sie langsam mit meiner Zunge zu umkreisen, stöhnte sie genießerisch. »Ja, so ist es gut, mach weiter!«

Sie schmeckte genauso gut, wie sie roch, und obwohl ihre Schamhaare ganz zart mein Gesicht kitzelten, ließ ich mich nicht irritieren.

Meine Zunge glitt tiefer, erforschte ihren Spalt und den Eingang zu ihrer Möse. Zwischendurch widmete ich mich immer wieder ihrer Klit, küsste und leckte sie, und Violas hemmungslosem Stöhnen nach zu urteilen, machte ich meine Sache nicht schlecht. Es machte mich total an, diese aufregende Frau lecken zu dürfen, und immer heftiger presste ich mich mit meinem Mund gegen ihre Möse und sie sich auch gegen mich.

Ihr Stöhnen wurde lauter, ihr Körper bewegte sich wieder im Rhythmus der immer noch im Hintergrund laufenden Musik, und als ihr ganzer Unterleib heftig zu zucken begann, wusste ich, dass es ihr kam. Ihr Stöhnen und Keuchen war so laut, während der Orgasmus ihre Körper und ihre Möse durchflutete, dass ich kurz befürchtete, dass man uns bis unten auf die Straße hören könnte, aber der Gedanke war so schnell wieder verschwunden, wie er gekommen war. Meine Hände lagen auf ihrem Körper, ihre Haut fühlte sich heiß und feucht an, und ich war mir sicher, dass ich noch nie erlebt hatte, dass eine Frau so leidenschaftlich kam.

Nach dem Orgasmus lag sie für einen kurzen Moment still da, ihr Körper bebte noch ein-, zweimal leicht nach, dann setzte sie sich auf. Unsere Lippen trafen sich und nach einem langen, intensiven Kuss sah sie mich an.

»Und, wie war es für dich, Süßer?«, fragte sie, und ich wusste genau, worauf sie anspielte. Statt ihr eine Antwort zu geben, griff ich nach ihrer Hand und führte sie an meinen Schwanz. Er war noch genauso hart und fickbereit wie vorhin, als sie ihn mir so sensationell geil geblasen hatte.

Ein zufriedenes Lächeln flog über ihr Gesicht. »Dachte ich es mir doch!« Ganz langsam rieb sie mit ihrer Hand an meiner Latte auf und ab. »Ich denke, diesen unverschämt harten und geilen Schwanz werde ich mir jetzt mal richtig gönnen«, flüsterte sie in mein Ohr, und ich dachte nicht im Traum daran, ihr zu widersprechen. »Du fickst mich jetzt von hinten richtig hart durch und hörst nicht auf, auch wenn ich dich stöhnend darum bitte. Du fickst mich einfach immer weiter, so hart du kannst! Bitte!« Dieses ›Bitte‹ hauchte sie mir fast flehentlich entgegen, ganz anders, als sie bisher mit mir gesprochen hatte, und natürlich würde ich dieser umwerfenden Frau ihren Wunsch nicht abschlagen.

»Dein Wunsch ist mir Befehl!«, erwiderte ich, und der Blick, den sie mir daraufhin aus ihren tiefgründigen Augen zuwarf, war Beweis genug, dass sie es ernst gemeint hatte. Dann drehte sie sich um, senkte ihren Oberkörper und präsentierte mir ihren wunderschön geformten Arsch.

»Na los, fick mich durch, Süßer!«, forderte sie mich noch einmal auf.

Mit einer Hand griff sie nach hinten an ihren Arsch, zog ihre Arschbacken, so gut es ging, auseinander und präsentierte mir ihre beiden nass glänzenden Löcher. Der Anblick war ein Traum, und kurz schoss mir der Gedanke durch den Kopf, dass ich das alles drei alten 70er-Jahre Rockplatten, die sich zufällig in meinem Sortiment befunden hatten, zu verdanken hatte. Ich rückte näher an sie heran, berührte mit meiner Schwanzspitze genau die Mitte ihrer Möse und entlockte Viola damit ein tiefes Stöhnen.

»Ja, mach, leg los!« Sie presste ihre Pussy gegen mich, die unglaubliche Nässe wies mir den Weg und ließ mich ohne Umwege in sie hineingleiten. Mit zwei harten Stößen war ich tief in ihr und ihr lautes Aufstöhnen dabei feuerte mich noch zusätzlich an. Ich fickte los – hart, schnell und ohne Pause. Sie hatte mich so geil gemacht, dass ich mir keine Gedanken mehr über irgendwelche Techniken oder Stellungswechsel mehr machte, ich wollte einfach nur noch ficken!

Und genauso brauchte sie es. Jedes Mal, wenn ich meinen Schwanz tief in ihr versenkte, stieß sie einen kleinen Schrei aus, und als sie ihre langen Haare mit einem Schwung auf ihren Rücken warf, griff ich sofort zu. Ich krallte meine Hand in die Haare, zog ihren Kopf nach hinten und ihren Körper noch ein bisschen näher zu mir und sie belohnte es mit noch lauterem Stöhnen.

»Und jetzt in den Arsch! Mach!« Laut keuchend hatte sie die Anweisung hervorgepresst, und dass sie es ernst meinte, war spätestens klar, als sie plötzlich ein Stück nach vorn rutschte und mein Schwanz mit einem schmatzenden Geräusch aus ihrer Möse glitt.

Oh Mann, mein Schwanz war so angespannt und spritzbereit, dass ich nicht eine Sekunde zögerte. Ohne jeden Kommentar setzte ich meine nass glänzende Eichel an ihrem Arschloch an, und ehrlich gesagt, es erstaunte mich kein bisschen, dass ich ihr meinen dick angeschwollenen Riemen mühelos hineinschieben konnte. Es war eng, aber ich spürte keinen wirklichen Widerstand und sie begleitete jeden Zentimeter, den ich tiefer fickte, mit einem geil-versauten Stöhnen. Ich ging nicht gleich so ran, wie bei ihrer Möse, über so viel restlichen Verstand verfügte ich noch, aber es war schnell klar, dass größere Vorsicht weder nötig noch von ihr gewollt war. Innerhalb kürzester Zeit fickte ich ihren Arsch genauso schnell und hart wie vorher ihre Möse, und ihr lustvolles Gestöhne dazu machte mich fast wahnsinnig. So hatte sich noch keine Frau von mir ficken lassen, und ich gab mir alle Mühe, es ihr richtig zu besorgen. Als sie dann laut »Fass mich an!« stöhnte, ließ ich meine Hand zu ihrer Möse gleiten. Ich musste ihre Klit nur einmal kurz berühren und sofort konnte ich das Zucken in ihrer Möse an meinem Schwanz spüren, obwohl ich tief in ihrem Arsch steckte.

Wahnsinn, wie geil die Lady immer wieder abging, völlig ekstatisch und mit allen Sinnen genießend! Dass ich ihren Orgasmus selbst in ihrem Arsch spüren konnte, machte für mich jede Zurückhaltung unmöglich. Ich wollte nur noch spritzen, meinen ganzen Saft in ihrem Arsch abladen, und genau das tat ich jetzt auch.

Mein Sperma schoss mit unglaublicher Intensität heraus. Ich schrie laut auf, konnte nicht glauben, wie oft mein Schwanz in ihr zuckte und sein Sperma verschoss. Ich fickte wie ein Wahnsinniger und konnte erst wieder aufhören, als auch der letzte Tropfen in ihrem geilen Arsch gelandet war.

Erschöpft zog ich mich schließlich zurück und wir sanken nebeneinander auf das große Sofa. Wie im Rausch hörte ich die letzten Klänge der Santana-Scheibe an mir vorbeiziehen, während ich meine wilde 70er-Jahre-Lady im Arm hielt. Als nur noch das Knistern der Nadel zu hören war, spürte ich, wie sie sich regte und ihre Hand langsam hinunter zu meinem Schwanz glitt.

»Meinst du, der schafft noch eine Runde?«, fragte sie mich, und während ich mich ihr grinsend zuwandte, dankte ich in Gedanken noch einmal irgendeiner höheren Macht, dass diese Frau mich heute gefunden hatte.

Der versaute Lesezirkel - Erst Vorlesen, dann Vögeln

Unseren Lesezirkel gibt es seit achtzehn Monaten und gestern Abend fand unsere sechste Sitzung statt. Ich wusste von Anfang an, dass es unsere geilste werden würde.

Selbstverständlich sind wir ein ganz besonderer Lesezirkel. Eine kleine, verschworene Gemeinschaft, verbunden durch eine gemeinsame Leidenschaft, nämlich die Kombination von Lesevergnügen und Gruppensex! Wir, das sind vier Paare, zwei Solomänner und ich selbst, die Initiatorin und Gründerin unseres Zirkels.

Mein Name ist Tessa, ich liebe erotisch-versaute Geschichten und das unwiderstehliche Verlangen nach Sex, das sich beim Lesen dieser Geschichten unweigerlich einstellt. Am meisten liebe ich natürlich den Sex selbst.

Die Idee, meine Leidenschaft mit Gleichgesinnten zu teilen, ist ganz zufällig entstanden. Ich streame vor dem Einschlafen gern noch etwas Musik, höre sozusagen ein paar Schlummersongs, und als ich genau das vor ein paar Monaten gemacht habe, bin ich beim Durchstöbern von Spotify auf etwas Neues gestoßen. Eine Frau mit einer unglaublich erotischen Stimme hat heiße Sexgeschichten vorgelesen und ich war sofort total gefesselt. Obwohl ich irgendwie beim Gegenteil von Schlummermusik gelandet war, bin ich dort hängen geblieben. Die anrüchig-laszive Stimme der Vorleserin hat mich sofort in ihren Bann gezogen, und innerhalb kürzester Zeit war ich in die versaute Story eingetaucht. Die Zeit verging wie im Flug und für die nächsten dreißig oder vierzig Minuten habe ich keinerlei Gedanken mehr ans Einschlafen verschwendet. Aufgeregt verfolgte ich die Storyline und stellte fest, wie sie bei mir genau die richtigen Saiten anklingen ließ.

Erotische Geschichten hatten bisher noch nicht zu meinem

Stimulationsrepertoire gehört, doch das heftige Kribbeln zwischen meinen Beinen ließ keinen Zweifel zu. So etwas Versautes von jemand anderem vorgelesen zu bekommen, machte mich voll an!

An Schlafen war natürlich überhaupt nicht mehr zu denken. Meine Finger wanderten nach unten, tauchten in meine Möse ein, umspielten dann meine Klit, und als die Feuchtigkeit sich spürbar ausbreitete, folgte ein schneller Griff in meine Nachttischschublade. Den fetten Dildo fand ich sofort, schließlich lag er griffbereit darin, und ein paar versaut vorgetragene Sätze später hatte ich ihn bis zum Anschlag in mir stecken. Erst langsam und dann immer schneller schob ich ihn vor und zurück, fickte meine nasse Möse mit dem dicken Ding und berührte gleichzeitig ganz vorsichtig weiter meine Klit.

Nur nicht zu schnell kommen, dachte ich, denn ich wollte unbedingt mehr von der Geschichte hören, während ich es mir selbst besorgte. Ich lauschte den Worten der Vorleserin und in Gedanken trieb ich es mit allen Kerlen, die in der Story vorkamen. Natürlich hielt ich es nicht bis zum Ende aus, aber ich war so geil geworden, dass ich es mir am Schluss der Geschichte gleich zwei Mal richtig heftig besorgt hatte. Erschöpft und befriedigt lag ich anschließend auf meinem zerwühlten Bett. Wahnsinn, wie mich das angemacht hatte und schon beim Einschlafen formten sich in meinem Kopf die ersten Ideen, die schließlich zur Gründung des Lesezirkels führten.

Am nächsten Morgen spann ich die Gedanken fort, überlegte mir, wie geil es sein könnte, so eine Geschichte in anregender Umgebung mit sexbegeisterten Gleichgesinnten selbst einmal vorzulesen, und anschließend ein paar Dinge einfach nachzuspielen.

Doch so eine Fantasie, auch wirklich in die Tat umzusetzen, sie einfach wahr werden zu lassen, das war natürlich eine ganz andere Nummer, daran bestand kein Zweifel. Leute zu finden, die sich erotisch-versaute Kurzgeschichten zusammen anhören wollten, würde wahrscheinlich nicht so schwer sein. Aber diese Leute sollten ja auch Bock haben, anschließend miteinander zu vögeln, und diese Kombination gab es wahrscheinlich nicht so oft. Schwierig bis unmöglich würden die meisten sicherlich sagen, aber ich liebe Herausforderungen und ging die Sache voller Elan an. Hartnäckig blieb ich am Ball, sprach Leute an, die ich kannte, schaltete Anzeigen mit eindeutig zweideutigen Texten, wählte aus und entfernte Interessenten auch wieder aus der Gruppe, wenn sie mir doch nicht so passend erschienen. Monat für Monat trommelte ich so immer mehr Gleichgesinnte für meinen ganz speziellen Lesezirkel zusammen. Nach einem halben Jahr war ich mir sicher, die perfekte Mischung an Teilnehmern zusammengestellt zu haben.

Mindestens genauso schwierig gestaltete sich die Suche nach einer passenden Location. Erst hatte ich vorgehabt, das Ganze in meiner eigenen Wohnung stattfinden zu lassen, aber das habe ich schnell wieder verworfen. Ich habe mir Appartements in Hotels angeschaut, auch Häuser, die man für ein Wochenende mieten konnte, aber das war entweder zu teuer oder wegen verschiedener Gründe einfach ungeeignet für unser doch sehr spezielles Vorhaben. Aber auch bei dieser Herausforderung bin ich natürlich hartnäckig geblieben und letztlich hat der Zufall mir in die Hände gespielt. Vincent, einer unserer Solomänner und attraktiver Enddreißiger, war so begeistert von der Idee, dass er sich sofort bereit erklärte, sein Haus für unsere Treffen zur Verfügung zu stellen.

Und damit hatte ich dann wirklich einen Volltreffer gelandet, denn sein Haus war wohl eher als Anwesen zu bezeichnen, riesig, ein bisschen abgelegen und für unser Vorhaben einfach perfekt. Natürlich ließ ich mir den Raum, in dem unsere

Lesungen stattfinden sollten, vorab von ihm zeigen, und als er mich hereinführte, blieb mir der Mund vor Staunen offen stehen. Ich stand in einer Bibliothek, ein Lesezimmer, wie man es eigentlich nur aus alten Filmen kennt. Die Wandregale waren mit Hunderten von Büchern bestückt, und zur Ausstattung gehörten mehrere im Raum verteilte, mit rotem Samt bezogene Sofas. In der Mitte gab es eine große freie Fläche und Vincent versprach mir, dass dort bis zu unserem ersten Treffen ein Tisch mit zwölf Stühlen stehen würde.

Er hat sein Versprechen gehalten. Als er die staunende Gruppe vier Wochen später in die Bibliothek führte, stand mitten im Raum ein lang gezogener antiker Tisch, um den zwölf passende Stühle platziert waren.

Wir waren zwar tatsächlich nur elf Gruppenmitglieder, aber der zwölfte Stuhl hat uns von Anfang an nicht gestört. Ganz im Gegenteil, irgendwie sah er aus wie ein Versprechen dafür, dass sich unsere Gruppe früher oder später noch mal um eine weitere interessante Person erweitern könnte.

Und gestern, bei unserem sechsten Treffen, war es so weit. Ich hatte den anderen schon im Vorfeld angekündigt, dass der zwölfte Stuhl dieses Mal besetzt sein würde. Sie rechneten natürlich alle mit der Erweiterung unseres Sexzirkels um eine neue Person, aber tatsächlich war mir ein ganz anderer Coup gelungen.

Bisher waren unsere Treffen immer so gelaufen, dass einer aus unserer Runde die für den Abend ausgewählte Geschichte vorgelesen hatte. Dabei gab es zwar durchaus Unterschiede zwischen den Talenten der Vorleser, aber wir gaben uns alle Mühe, und es war noch nie vorgekommen, dass bei den heißen Geschichten keine Stimmung aufgekommen war.

Trotzdem – das Niveau der professionellen Vorleserin, die ich damals auf Spotify gehört hatte, erreichte niemand von uns.

Dabei konnte ich es natürlich nicht belassen, schließlich sollte alles perfekt sein. Wie immer war ich in der Sache hartnäckig und mithilfe einiger Recherchen war es mir schon vor einiger Zeit gelungen, Kontakt zu Verena aufzunehmen.

Verena hat schon zahlreiche Hörbücher eingelesen und ihre Spezialität waren erotische Kurzgeschichten und Romane. Als ich ihr von unserem besonderen Lesezirkel erzählt habe, war sie sofort neugierig und völlig unbefangen dem ungewöhnlichen Projekt gegenüber. Ich engagierte sie als Vorleserin für unser nächstes Treffen und ich glaube, sie hatte mindestens so viel Spaß an der Idee wie ich.

Und gestern war es dann so weit. Unser Zirkel hatte sich um den antiken Tisch in Vincents Bibliothek versammelt. Der Raum war perfekt hergerichtet, ein Kaminfeuer sorgte für eine angenehme Wärme und zahlreiche Kerzen gaben ihm etwas Altehrwürdiges, Elitäres. Wir waren alle gut gekleidet – billige Fummel gefielen niemandem in unserer Runde – und hielten ein Glas Champagner in der Hand. Dann öffnete sich die Tür und Vincent – den ich in die Überraschung eingeweiht hatte – betrat mit Verena den Raum. Das aufgeregte Stimmengemurmel endete abrupt und alle blickten neugierig Richtung Tür.

»Darf ich kurz um eure Aufmerksamkeit bitten, meine Lieben?«, fragte Vincent.

Niemand sagte ein Wort, aber ein zustimmendes Nicken machte die Runde. Ich war ein wenig aufgeregt, da ich unsere Vorleserin bisher persönlich noch nicht kennengelernt hatte. Ich hatte lediglich zwei Fotos gesehen, die sie mir geschickt hatte, und jetzt war ich erleichtert und begeistert zugleich.

»Ich möchte euch unseren Neuzugang für den heutigen Abend vorstellen«, fuhr Vincent fort, »das ist Verena, und ihr werdet mir sicher recht geben, wenn ich sage, dass sie hervorragend zu uns passt. Aber anders als ihr vielleicht erwartet, ist sie kein neues Gruppenmitglied, sondern sie wird uns heute Abend die erotischen Geschichten vorlesen.«

Jetzt starrten alle Verena an, die zweifellos eine echte Schönheit war. Ihre dunklen Augen wanderten ruhig und selbstsicher von einem Gesicht zum anderen, und falls sie durch die Anwesenheit so vieler Fremder beeindruckt war, konnte man es ihr nicht anmerken. Ich schätzte sie auf Anfang dreißig, ihre dunklen Haare umrahmten ein sehr hübsches Gesicht und das kurze, dunkelrote Kleid, das sie trug, setzte ihre endlos langen Beine perfekt in Szene und wurde dem Anlass mehr als gerecht.

Ich hatte ihr zwar keine Vorgaben bezüglich der Abendgarderobe gemacht, aber meine Ausführungen zu unseren Treffen schienen für die stilsichere Auswahl des richtigen Kleidungsstücks ausgereicht zu haben. Ich war begeistert und diese Begeisterung teilte unser gesamter Lesezirkel, das konnte ich deutlich in den Gesichtern der anderen Mitglieder ablesen.

Jetzt begann Verena, zu sprechen. »Guten Abend zusammen! Ich möchte mich ganz herzlich bei Ihnen für die Einladung zu dieser interessanten Runde bedanken und werde natürlich mein Bestes geben, um Ihre Erwartungen zu erfüllen. Ich kann Ihnen ja jetzt gestehen, wie sehr ich selbst diesem Abend entgegengefiebert habe. Sie können sich sicher denken, dass ich so eine Einladung bisher noch nie erhalten habe, und Sie können mir glauben, dass ich mehr als gespannt auf diesen Abend bin!« Sie schloss ihre kleine Rede mit einem äußerst einnehmenden Lächeln ab und ich wusste augenblicklich, dass ich alles richtig gemacht hatte. Soeben hatten wir nämlich eine erste Kostprobe der Stimme unserer Vorleserin bekommen, und ein kurzer Rundumblick genügte, um zu wissen, dass auch die anderen Anwesenden sich der Sogwirkung dieser Stimme nicht entziehen konnten.

Auch Vincent sah sehr zufrieden aus. Er reichte Verena ein Glas mit Champagner und ergriff noch einmal das Wort.

»Wow, Verena, wie Sie sehen können, hat Ihre kleine Ansprache ausgereicht, um uns alle ordentlich zu beeindrucken! Ich denke, ich spreche im Namen der ganzen Gruppe, wenn ich sage, dass wir alle diesem ersten erotischen Abend mit einem Profi als Vorleserin mit Begeisterung entgegensehen.« Er erhob sein Glas und alle taten es ihm nach. »Auf einen ungewöhnlichen und hoffentlich geilen Abend!«

Nachdem alle einen Schluck getrunken hatten, wurde der Raum sofort von einem aufgeregten Stimmengewirr erfüllt. Einer nach dem anderen gesellte sich zu Verena, stellte sich vor, stieß mit ihr an und plauderte ein wenig mit ihr. Sie bot uns allen das »Du« an und mit ihrer freundlichen und einnehmenden Art wurde sie innerhalb kürzester Zeit wie von allein ein Teil der Gruppe. Es fühlte sich an, als wäre sie schon immer dabei gewesen.

Dann war es endlich so weit. Während Verena sich auf den Stuhl am Kopfende des Tisches setzte und ihr Buch bereitlegte, entkleideten wir uns. Hierzu muss ich sagen, dass ich als Initiatorin der Gruppe von Anfang an eine Vorgabe gemacht hatte. Alle sollten während unserer Sessions nackt sein, erlaubt waren lediglich kleine erotische Accessoires.

Bei den Damen waren das beispielsweise Bauchketten, glitzernde lange Ohrringe, eine Augenmaske oder eine auffällige Halskette. Die Herren trugen Fliegen, ein Ledergeschirr um den Oberkörper oder Lederbänder um Schwanz und Hoden. Das Ganze hatte den Sinn, dass alle sexy und erotisch aussahen, man sich aber, wenn es zur Sache ging, das aufwendige Herausarbeiten aus der manchmal ganz schön kompliziert konzipierten Reizwäsche ersparte. Die Vorgabe hatte sich bewährt und alle hielten sich gern daran.

Nachdem wir unsere Plätze am Tisch eingenommen hatten, wie immer neu gemischt und die Paare voneinander getrennt, hob Verena den Blick und sah einmal in die anrüchige Runde. Dann begann sie vorzulesen.

»*Black Celebration* von Tara Bernado.« Ihre dunkle, erotische Stimme erfüllte den Raum und sofort hingen die Zuhörer an ihren Lippen. »Helena warf einen letzten prüfenden Blick in den Spiegel und wandte sich dann der Tür zu.«

Dies war der erste Satz der Geschichte und von diesem Moment an nahm alles seinen versauten Verlauf. Im Nachhinein kann ich gar nicht mehr sagen, was es eigentlich genau war, das uns sofort so hemmungslos werden ließ. Einfach nur die Anwesenheit dieser schönen erotischen Frau, ihre verführerische Stimme, der Reiz des Neuen oder vielleicht alles zusammen? Ich konnte förmlich spüren, wie die Stimmung im Raum ganz schnell zu knistern begann und eine wilde, völlig ausschweifende Orgie eingeleitet wurde, von der ich euch, so gut es meine Erinnerung hergibt, erzählen möchte.

Verenas Stimme, die Art, wie sie die Wörter betonte, ihre Mimik und ihre Gestik waren purer Sex. Dazu kam das unvergleichliche Ambiente, das uns umgab: Der einzigartige Raum, der dutzendfache Kerzenschein, unsere nackten Körper mit den glitzernden Accessoires – alles passte einfach perfekt zusammen. Schon nach kurzer Zeit spürte ich die Hand meines Tischnachbarn auf meinem Bein. Nicks Finger strichen spielerisch über meine nackte Haut, liebkosten mich zärtlich und tasteten sich Zentimeter für Zentimeter an meinem Oberschenkel entlang.

Während die vorgetragene Geschichte langsam Fahrt aufnahm, sah ich, wie auch das Gefummel rund um den Tisch in Schwung kam. Doch schnell konzentrierte ich mich wieder auf die Hand auf meinem Bein, denn sie bewegte sich jetzt zielstrebig nach oben und steuerte direkt auf meine Möse zu. Ich öffnete die Beine, es gab keinen Grund, diesen Fingern den Zugriff zu verwehren, und als sie meinen Spalt erreicht hatten, spürte ich, wie meine freiliegenden Nippel sich vor Lust zusammenzogen. Als Nächstes berührten sanfte Lippen meinen Hals und Zähne bohrten sich zärtlich in die weiche Haut. Trotz der sofort aufflammenden Lust, versuchte ich weiterhin, auch etwas von der so leidenschaftlich vorgetragenen Geschichte mitzubekommen, aber das war nicht ganz einfach, denn jetzt schoben sich zwei Finger tief in meine Möse und fingen an, sich in ihr zu bewegen.

Rund um den Tisch wurde das Stöhnen und Keuchen lauter. Ich versuchte, so viele Eindrücke wie möglich in mich aufzunehmen. Ich hörte Verena zu und sah mir gleichzeitig ihr schönes Gesicht an. Ich konzentrierte mich auf die Finger in meiner Möse und sah mir dabei das Treiben rund um den Tisch und die erregten Gesichter der anderen an. Ich hörte Nicks Atem in meinem Ohr und sah gleichzeitig, wie Gina, eine kleine, zierliche Blondine, Vincents Schwanz wichste, der so groß war, dass die Eichel über die Tischkante hinausschaute. Ziemlich inspirierend, wie ich fand, und sofort glitt meine Hand zwischen Nicks Beine.

Ups, da war ich wohl etwas spät dran, denn statt des erwarteten harten Riemens fanden meine Finger nur einen Wust von dichten lockigen Haaren, die eindeutig zu Lysanne gehörten. Schnell zog ich mich wieder zurück, schließlich war Lysanne für ihre Blaskünste bekannt, und die gönnte ich Nick natürlich von Herzen. Zumal das geile Geblase ihn kein bisschen davon abhielt, weiterhin meine Möse zu befummeln und zu reiben. Ich ließ ihn einfach weitermachen, denn zu meiner Linken saß zum Glück Carlo, einer unserer Solomänner, und der hatte ebenfalls eine schöne Latte zu bieten. Bisher hatte er allerdings nur Blicke für unsere attraktive Vorleserin übriggehabt, die er unverhohlen anstarrte, während sie davon erzählte, wie die Orgie in Château Lilienstein auf ihren Höhepunkt zusteuerte.

Als ich meine Hand um Carlos harten Schwanz legte, zuckte er zusammen, und mit einem leicht ertappten Gesichtsausdruck wandte er sich lächelnd zu mir. Ein Blick genügte und er beugte sich zu meinen abstehenden Nippeln hinunter, nahm einen in den Mund und begann zu saugen. Ohne sich von meinen Nippeln zu lösen, umfasste er mein Handgelenk und schob meine Hand runter an seine Eier. Mmh, ich konnte fühlen, wie gut die gefüllt waren, dick und prall lagen sie in meiner Hand. Ich griff zu, zog, hörte sein Stöhnen, zog fester und genoss es, wie geil er darauf reagierte. Er revanchierte sich durch ein festes und forderndes Saugen an meinen Nippeln und er machte es so geil, dass ich kaum spürte, wie Nicks Finger sich aus meiner Möse zurückzogen. Kein Problem, ich konnte mir so ungefähr vorstellen, was Lysanne gerade mit ihm veranstaltete. Verständlich, dass er seine volle Konzentration darauf ausrichtete.

Mittlerweile war ich schon richtig aufgeheizt und sehnte mich nach einem harten Prengel in meiner Möse, aber ich musste mich noch ein wenig gedulden. Es war eine ausgemachte Sache in unsere Runde, dass Ficken tabu war, solange vorgelesen wurde. Zu fummeln, zu blasen, sich auf alle möglichen Arten anzuheizen, das war erlaubt, aber mit dem Ficken wurde gewartet, bis die Geschichte beendet war. Das erhöhte die Spannung und da ja normalerweise jemand aus unserer Gruppe vorlas, konnte derjenige dann sofort mitmachen, wenn es richtig zur Sache ging.

Jetzt sah ich allerdings zum ersten Mal, dass einige der Zuhörer wie gebannt an den Lippen der Vorleserin hingen und sich lediglich auf ein bisschen dezentes Fummeln mit ihrem jeweiligen Sitznachbarn beschränkten. Verenas Art zu lesen, war aber auch einfach faszinierend und ich konnte gut verstehen, dass einige nichts von der geilen und so gekonnt vorgetragenen Geschichte verpassen wollten. Nun, es würde nicht mehr lange dauern, bis sie aus ihrer Trance erwachen würden, denn ich sah, dass das Buch, das Verena in den Händen hielt, so gut wie ausgelesen war. Und tatsächlich, ich hörte noch, wie sie vorlas »*Darf ich bitten? In dieser Nacht gibt es noch viel mehr zu erleben …*«, dann klappte sie die Seiten zusammen und legte das Buch auf den Tisch.

Mit einem Lächeln im Gesicht hob sie den Kopf und betrachtete ihre Zuhörer. Dann geschah etwas, womit niemand gerechnet hatte. Sie schob ihren Stuhl nach hinten, stand auf, und mit einer einzigen fließenden Bewegung streifte sie die Träger ihres Kleides über die Schultern und ließ es auf den Boden gleiten. Vollkommen selbstsicher stand sie da und präsentierte uns ihren nackten, makellosen Körper. Fast alle sexuellen Aktivitäten rund um unsere Tafel kamen augenblicklich zum Erliegen und ich hörte mehrere der Männer scharf einatmen. Während die meisten noch versuchten, die Situation richtig einzuordnen, reagierte Vincent, unser Gastgeber, prompt. Hatte er gewusst, was passieren würde, oder hatte er die Situation als Einziger richtig erfasst? Ich wusste es nicht, aber das hinderte mich nicht daran, dem nun folgenden Schauspiel fasziniert zuzusehen.

Mit abstehender Latte erhob er sich, stieg mit zwei lässigen Schritten erst auf den Stuhl und dann auf den Tisch und ging zu Verena. Mit dem Kopf zu ihr legte er sich rücklings auf die Tischplatte und hob mit einer Hand sein imposantes Rohr an.

Verena hatte ihn bei seinem coolen Auftritt nicht aus den Augen gelassen, und als er ihr jetzt auffordernd zunickte, schien sie genau zu wissen, was er beabsichtigte. Ohne zu zögern, stieg sie auf ihren Stuhl, legte ihre Hände auf die Tischplatte und kletterte auf allen vieren auf den Tisch. Sie platzierte ihren nackten Körper mit geschmeidigen Bewegungen genau über

Vincent. Kaum war sie perfekt positioniert, nahm sie ihm den harten, dicken Schwanz aus der Hand, leckte ein paarmal mit langer Zunge lasziv über die Eichel und ließ ihn dann in ihrem Mund verschwinden. Als wäre es das Selbstverständlichste der Welt, begann sie mit lustvoller Hingabe daran zu lutschen.

Langsam senkte sie dabei ihr Becken ab, bis ihre Möse direkt über Vincents Gesicht schwebte. Seine Hände legten sich um ihre Arschbacken und seine Zunge suchte sich den Weg in ihren Spalt.

Die Szenerie hatte etwas Surreales, denn alle anderen saßen noch auf ihren Plätzen und starrten einfach nur gebannt auf das Geschehen. Das Kaminfeuer und die vielen flackernden Kerzen setzten die Szene in ein äußerst attraktives Licht und es dauerte noch einen Moment, bis wir realisiert hatten, dass es jetzt richtig losgehen konnte.

Aus den Augenwinkeln bekam ich mit, wie Diana, eine dunkelhäutige Schönheit, vom anderen Ende des Tisches aufstand, sich auf die Tischplatte setzte und aufreizend die Beine spreizte. Einer der Männer war sofort zur Stelle, kniete sich vor sie und versenkte sein Gesicht zwischen ihren Schenkeln. Kurz darauf stand er schon wieder, brachte seinen Schwanz in Stellung und drang in ihre aufnahmewillige Möse ein.

Diana wurde immer ganz schnell richtig laut, wenn ein Kerl bei ihr die härtere Gangart einlegte, und genau das tat ihr Ficker offensichtlich gerade. Bei jedem Stoß stieß sie einen leidenschaftlichen Schrei aus, doch das schien ihr noch nicht zu genügen. Laut forderte sie ihren Lover auf, sie härter zu ficken, trieb ihn stöhnend weiter an und konnte nicht genug bekommen. Erst als ein zweiter Mann sich neben sie auf den Tisch kniete und ihr sein Rohr in den Mund schob, schien sie zufrieden zu sein; vielleicht lag es aber auch nur daran, dass sie jetzt nicht mehr schreien konnte.

Gerade wollte ich mich wieder Carlo zuwenden, um selbst ein Teil der Orgie zu werden, als ich feststellen musste, dass ich mich wohl ein bisschen zu lange von den anderen geilen Szenen hatte ablenken lassen. Mit einem freundlichen Lächeln sagte er: »Sorry, ich muss mal eben was erledigen!«, und schon war er aufgestanden. Anscheinend war er der Meinung, dass Vincent das Loch unserer Vorleserin lange genug angeleckt hatte, denn er stieg auf den Stuhl hinter Vanessa und stellte einen Fuß auf der Tischplatte ab. Er verständigte sich kurz mit den beiden und zog dann Verenas wohlgeformten Arsch näher zu sich. Das Ganze sah ziemlich halsbrecherisch aus, aber es funktionierte offensichtlich, denn eine Sekunde später war sein Rohr in ihrer Möse verschwunden und er fing an, sie zu ficken.

Verena ließ sich überhaupt nicht beirren, sie lutschte weiter an Vincents dickem Prengel, während Carlo sie von hinten bediente. Als er nach einer Weile jedoch sein Tempo erhöhte und sein dickes Ding immer härter in ihre Möse knallte, war es auch mit ihrer Beherrschung vorbei. Vincents Schwanz glitt aus ihrem Mund und stöhnend warf sie den Kopf in den Nacken.

Ihre dunklen Haare fielen wie ein Fächer über ihren Rücken und Carlo griff sofort zu. Er krallte sich in ihre Mähne, während er sie weiter hart und fordernd vögelte, und ich konnte trotz ihrer geschlossenen Augen sehen, wie sich die pure Geilheit in ihrem Gesicht ausbreitete.

Ich hatte natürlich sofort registriert, dass da gerade ein schöner, großer Prengel frei geworden war, und nutzte die Gunst der Stunde. Schnell war ich auf den Tisch geklettert und krabbelte auf allen vieren zu Vincent. Grinsend hielt er mir seinen Schwanz entgegen und im Handumdrehen saß ich mit gespreizten Beinen über ihm und drückte meine fickgeile Möse gegen die pralle Eichel. Seine dicke Latte drang in mich ein, langsam ließ ich mich immer tiefer auf das geile Teil hinabsinken, und genoss das Gefühl, so komplett ausgefüllt zu werden. Vincent bewegte sich nicht, er ließ mich einfach machen.

Als der Schwanz bis zum Anschlag in mir steckte, fing ich an, ihn zu reiten. Ich schob mein Becken vor und zurück, provozierte eine harte Reibung zwischen Schwanz und Möse und als Vincent das erste Mal laut aufstöhnte, öffnete Verena ihre Augen. Ihr Gesicht befand sich direkt vor meinem und sofort machte sich ein verschwörerisches Lächeln bei ihr breit. Zärtlich legte sie eine Hand um meinen Nacken und zog mich vorsichtig zu sich. Unsere Lippen berührten sich und ihre warme Zunge schob sich in meinen Mund. Zuerst umkreisten unsere Zungenspitzen sich nur ganz behutsam, doch dann nahm das Spiel Fahrt auf.

Die Küsse wurden wilder und intensiver und Verena schaffte es sogar über meine Brüste zu streicheln und an meinen Nippeln zu spielen, während sie immer noch von Carlo gefickt wurde. Ich musste mich heftig zusammenreißen, um bei unserem Spiel Vincents Schwanz in meiner Möse nicht zu vernachlässigen, doch als meine Bewegungen immer langsamer wurden, ergriff er selbst die Initiative. Gar nicht so leicht für ihn, schließlich lag er auf der harten Tischplatte, aber er machte seine Sache richtig gut.

Natürlich machte er das, sein Gesicht befand sich schließlich immer noch unter Verenas Möse und er hatte die allerbeste Sicht darauf, wie Carlos Schwanz das nasse Loch durchvögelte. Kein Wunder, dass er davon so geil wurde, dass selbst die harte Tischplatte ihn nicht davon abhalten konnte, seinen Prengel immer wieder in mich zu stoßen.

Die Konstellation war aber auch megageil, ich saß auf dem fickenden Vincent und knutschte mit Verena, die meine Titten dabei befummelte, während Carlo es ihr von hinten besorgte.

Verena war der pure Vulkan, ihre Küsse wild und leidenschaftlich, und sie bekam es sogar hin, sich mit einer Hand bis zu meiner Klit vorzutasten, während sie sich mit der anderen auf dem Tisch abstützte. Sie fing an zu reiben und mein geiles Stöhnen spornte sie weiter an. Ich spürte, wie sie versuchte, einen Finger neben Vincents dickem Schwanz in meine Möse zu schieben, und obwohl ich vorher geschworen hätte, dass mein Loch komplett ausgefüllt war, hatte sie nach kurzer Zeit nicht nur einen, sondern sogar zwei Finger in mir drin. Jetzt rieb ihr Daumen an meinem Kitzler, während ihre Finger zusammen mit Vincents Prengel meine klatschnasse Möse fast schmerzhaft dehnten. Ich spürte, wie ich die Kontrolle verlor, der lustvolle Schmerz in meiner Möse und das gleichzeitige Reiben an meiner Klit machten mich fast wahnsinnig. Verena wusste genau, was sie tat, immer schneller rieb ihr Daumen über meine Klit und immer heftiger bewegten sich ihre Finger in meiner Möse.

Es begann mit einem sanften Zittern in meinen Beinen. Ich fühlte, wie mein ganzer Körper erschauerte, dann brach der Orgasmus über mich herein. Blitzartig fuhren die Wellen durch meine Möse und meine Klit und ich konnte nichts mehr fühlen, außer diesem nicht enden wollenden Orgasmus.

Verena machte einfach weiter, wollte meine Ekstase verlängern und schaffte es spielend. Während ihre Finger mich in den Wahnsinn trieben, spornte sie gleichzeitig Carlo an, sie weiter hart zu ficken, und als mein Rausch langsam nachließ, war sie immer noch nicht fertig mit uns. Sie zog ihre Finger aus meiner Möse und legte sie um den dicken Ansatz von Vincents Schwanz, der mich immer noch fickte. Sie schien genau den richtigen Griff draufzuhaben, denn ganz plötzlich endeten Vincents kräftige Stöße, und er begann heftig zu keuchen. »Na los, gib mir deinen Saft, ich will dich spritzen sehen!«, flüsterte sie ihm zu, und sofort umfasste er mit zwei Händen mein Becken, hob mich an und zog seinen Schwanz aus meiner Möse.

Gierig beugte Verena sich vor, öffnete die Lippen und schob ihr Gesicht direkt vor die zitternde Eichel. Doch sie beanspruchte ihn nicht für sich allein. »Komm runter, Tessa!«, forderte sie mich auf. »Der reicht für zwei!«

Augenblicklich befand sich die dicke Latte zwischen unseren Mündern. Vanessa musste nur noch ein-, zweimal kräftig wichsen, und schon schoss die erste Ladung hervor. Ich schaffte es gerade noch rechtzeitig, die Augen zu schließen, schon klatschte der Strahl direkt in mein Gesicht. Vincent ließ seinem Sperma freien Lauf und sein zuckender und pumpender Schwanz verschwand abwechselnd in Verenas und meinem Mund, bis wir ihn bis auf den letzten Tropfen leergesaugt hatten. Dann erst hob Verena wieder den Kopf und drehte sich zu Carlo um, der rücksichtsvollerweise das Ficken eingestellt hatte, solange sie mit Vincent beschäftigt gewesen war.

»Oh Carlo, wie schön, dass du noch da bist!«, sagte sie augenzwinkernd zu ihm. Und dann fuhr sie mit einem verführerischen Lächeln fort: »Stört es dich, wenn wir noch jemanden dazu holen? Ich könnte auch beim Ficken noch einen zweiten Schwanz gebrauchen.«

Die Begeisterung für die Idee war Carlo anzusehen. »Kein bisschen, Süße, such dir einfach jemanden aus!«, antwortete er.

Verena wandte sich zu mir. »Tessa, du musst mir helfen. Ich brauche einen Kerl, der auf Arschficken steht«, flüsterte sie mir zu. Ein kurzer Blick in die Runde genügte. »Kein Problem!«, flüsterte ich zurück und machte mich auf den Weg.

Rund um den Tisch ging es in verschiedenen Konstellationen hoch her. Niemand hatte sich wie sonst auf eines der Sofas zurückgezogen und obwohl wirklich alle mit Sex in irgendeiner

Form beschäftigt waren, hatte ich das Gefühl, dass ebenfalls alle unseren geilen Neuzugang dabei im Auge behalten wollten. Verena kam einfach unglaublich gut an und jeder wollte ein bisschen von dem mitbekommen, was sie tat.

Ich steuerte eine Dreiergruppe an, Lindsay, Leon und Gino. Lindsay war über einen Stuhl gebeugt und Leon vögelte sie langsam und genießerisch von hinten. Es ging mir jedoch um Gino, einen temperamentvollen Italiener, der vor ihr auf der anderen Seite des Stuhls stand und sich den Schwanz blasen ließ. Er war immer für alle Schandtaten bereit und ich war mir sicher, dass ich bei ihm mit meinem Anliegen genau richtig lag.

»Hast du Lust bei unserer Vorleserin mitzuspielen?«, flüsterte ich fragend in sein Ohr. »Die möchte gern im Sandwich genommen werden und sucht jemanden für ihren Arsch. Bist du interessiert?« Und ob er interessiert war! Tatsächlich konnte er seine Begeisterung kaum verbergen.

»Übernimmst du hier?«, fragte er mich, denn er wollte Lindsay natürlich nicht einfach ohne Ersatz für sich zurücklassen. Ich nickte bejahend und vorsichtig zog er seinen Schwanz aus Lindsays Mund. Erstaunt blickte sie hoch, aber als sie mich sah, war sie augenblicklich besänftigt.

»Oh, hallo Tessa!«, begrüßte sie mich. »Schön dich zu sehen!« Ich zwinkerte Leon zu, der wissend zurücklächelte, und schon zog Lindsay mich zu sich herunter und fing an, mich leidenschaftlich zu küssen. Gino war vergessen.

Lindsay stand genauso sehr auf Frauen wie auf Männer, und sie konnte unglaublich gut küssen und lecken. Ich war zwar gerade erst nach allen Regeln der Kunst durchgefickt worden, aber Lindsays ungezügelte Küsse lösten sofort wieder ein heftiges Ziehen in meiner Möse aus. Die Vorstellung, was sie mit ihrer Zunge bei mir alles anstellen konnte, machte mich total geil. Als ich sie fragte: »Hast du Lust, mich zu lecken?«, war ihr lüsternes Lächeln Antwort genug. Kurz stimmten wir uns mit Leon ab, dann legte ich mich rücklings auf den Tisch. Lindsay umfasste meine Schenkel, zog sie auseinander und vergrub ihr Gesicht zwischen meinen Beinen, während Leon sich wieder hinter sie stellte und sie weiter vögelte. Genüsslich schob ich ihr meine Möse entgegen und es dauerte nur ein paar Sekunden, bis ihr hingebungsvolles Lecken mich schon wieder zum Auslaufen brachte.

Während ich Lindsays Zunge genoss, ließ ich meinen Blick noch einmal um den ganzen Tisch schweifen. Nach wie vor waren alle Gruppenmitglieder hier versammelt, jeder freie Platz wurde genutzt. Keiner war nur noch Zuschauer, sondern jeder wurde gefickt, gefingert, geblasen, befummelt oder geleckt. Um mich herum waren lustvolle Schreie zu hören, lautes Stöhnen und Keuchen erfüllten den ganzen Raum. Das wilde Treiben, ausgelöst durch Verenas geiles Vorlesen und ihre anschließende hemmungslose Teilnahme an unserer Orgie, nahm seinen Lauf. Immer noch warfen ihr alle Mitspieler Blicke zu, sahen sich an, wie sie sich von zwei Männern gleichzeitig nehmen ließ, und geilten sich daran auf.

Mein Blick blieb jetzt bei Vero und Jenny hängen, die beiden ließen sich stehend gegen den Tisch gelehnt von Nick und Tim, dem jüngsten Hengst in unserer Runde, bumsen, und wechselten dabei immer wieder den Partner. Es sah verdammt geil aus, was die vier da trieben, und deshalb bedauerte ich es auch nicht, als Lindsay ihren Kopf anhob. »Du, Tessa, ich möchte mich jetzt mal auf Leons Schwanz konzentrieren, okay?«, fragte sie mich.

»Ja, klar!«, stimmte ich ihr sofort zu. »Und danke fürs geile Lecken. Jetzt bin ich wieder mehr als fickbereit!«

Mit einem innigen Kuss auf ihre vollen Lippen verabschiedete ich mich von ihr, schwang mich vom Tisch und stellte mich einfach neben Vero. *Man kann es ja mal versuchen*, dachte ich mir. Es dauerte keine fünf Sekunden und Tim, blond und muskulös, stand vor mir. Amüsiert musste ich lächeln. Tim konnte nie genug bekommen, dem waren drei Frauen natürlich noch lieber als zwei und begeistert schlang ich ein Bein um ihn. Mit seinen kräftigen Armen hob er mich an und sein harter Riemen steckte so schnell in meiner Möse, dass ich es kaum fassen konnte. Mit meinen Beinen umschlang ich seinen Körper und stehend fickte er unglaublich schnell und hart in mich rein. Ich muss ziemlich laut geworden sein, das haben mir meine Freunde zumindest hinterher erzählt, auch wenn ich selbst nicht viel davon mitbekommen habe. Ich ließ mich von dem geilen, blonden Jungen einfach durchbumsen, so lange, bis der nächste Orgasmus bebend durch meinen Körper fuhr und mich endgültig total auslaugte.

Keuchend und wie benommen lag ich anschließend auf dem Tisch und musste überrascht feststellen, dass mein Lover mit seiner Kraft noch nicht am Ende war. Während ich noch um Fassung rang, stand er schon wieder bei Jenny und Vero und machte einfach da weiter, wo er vorhin aufgehört hatte.

Es dauerte noch mindestens eine halbe Stunde, doch dann lagen alle befriedigt auf dem Tisch oder auf den umstehenden Sofas. Eine angenehme Stille breitete sich aus, man hörte nur noch das Knistern des Kaminfeuers und ab und zu ein geflüstertes Wort. Alle brauchten eine kleine Pause, das war immer so, aber das hieß natürlich nicht, dass dieser Abend schon zu Ende war. Gleich würde es weitergehen, und alle freuten sich darauf.

Dass wir seit diesem Abend ein neues, sehr attraktives und sexhungriges Mitglied in unserem Lesezirkel haben, muss ich nicht erwähnen, oder? In dieser Nacht hat sich unsere Gruppe auf zwölf Mitglieder vergrößert und es gab niemanden, der irgendwelche Einwände dagegen vorzubringen hatte.

Geiles Fotoshooting mit dem LustLuder

In meiner Fantasie hatte ich mir so ein kleines, versautes Abenteuer schon sehr oft vorgestellt, doch es auch umzusetzen, hatte ich mich bisher nicht getraut. Aber nun war es endlich so weit. Ich hatte den Mut gefasst, meine Fantasie Realität werden zu lassen. Trotzdem konnte ich meine Nervosität noch nicht ganz ablegen.

Aufgeregt schaute ich ein paarmal in alle Richtungen, um sicherzugehen, dass keine unerwünschten Zuschauer in der Nähe waren. Dann zog ich mir entschlossen mein Kleid über den Kopf und ließ es auf den Boden fallen. Auf einen Slip und einen BH hatte ich verzichtet, ich wollte mich möglichst schnell an- und ausziehen können, falls das nötig sein würde. Jetzt trug ich nur noch eine feingliedrige goldene Hüftkette und meine goldfarbenen Sandaletten, denn ganz ohne Schuhe ging es hier im Roggenfeld nicht.

Etwas unsicher schaute ich an mir herunter. Ob ihm meine weibliche Figur und meine großen Brüste wohl gefielen? Ich hoffte es inständig, sonst würde ich mich bei dem, was wir vorhatten, nicht besonders wohlfühlen. Ein kurzer Blick in die Richtung des Fotografen genügte mir aber, um mich zu beruhigen, denn er lächelte mir aufmunternd zu. Und nicht nur das, das gierige Funkeln in seinen Augen beim Anblick meines nackten Körpers war nicht zu übersehen.

Von einem auf den anderen Augenblick war meine Nervosität verflogen. Das war genau das, was ich sehen wollte! Ich stehe unglaublich darauf, wenn Männer, die ich nicht kenne, so auf mich reagieren. Ein Schalter legte sich in meinem Kopf um und ich war bereit für das geile »Shooting Plus«, das mein Mann Stefano für mich gebucht hatte.

David, den Fotografen, hatte ich erst vor fünfzehn Minuten kennengelernt. Stefano hatte uns vorhin einander vorgestellt und David hatte mir sofort gefallen. Er hatte ein selbstsicheres Auftreten und strahlte eine natürliche Dominanz aus, genau wie ich mir das gewünscht hatte. In seiner schmal geschnittenen schwarzen Jeans und dem weit aufgeknöpften weißen Hemd sah er lässig und souverän aus. Er wusste genau, was er wollte, und schnell war für mich klar, dass Stefano den Richtigen ausgesucht hatte. Wie schon gesagt, er hatte ein »Shooting Plus« für mich gebucht und ich hoffte, dass David nicht nur ein Meister an der Kamera war.

Lust auf das Shooting schien er jedenfalls zu haben. Kaum stand ich nackt zwischen den Ähren, legte er sich seine Kamera an einem Riemen um den Hals und gab die ersten Anweisungen.

»Lass uns loslegen, Vicky! Die Sonne steht perfekt, das müssen wir ausnutzen. Alles startklar, Stefano?« Mein Mann hob den Daumen. Er stand ungefähr zwanzig Meter von uns entfernt am Rand des Roggenfelds und behielt den Feldweg im Auge, damit uns hier niemand unfreiwillig überraschte. Das war zwar nicht sehr wahrscheinlich, aber man konnte ja nie wissen. Wir hatten in den letzten Tagen den perfekten einsam gelegenen Ort für unser Shooting gesucht und hier gefunden. Felder rund um uns herum, nur über schmale Feldwege zugänglich. Hierhin würde sich wahrscheinlich niemand verlaufen.

Okay, Stefano hatte den Daumen gehoben, ich konnte also alle Hemmungen über Bord werfen und mich voll und ganz auf das Shooting konzentrieren.

»Bleib genauso stehen, Vicky! Wir starten mit ein paar sinnlichen Fotos. Schau mal ein bisschen verträumt und lass deine Haare dabei auf einer Seite ins Gesicht fallen!«

Obwohl David mir so harmlose Anweisungen gab, ließen seine tiefe Stimme und seine Art zu sprechen schon ahnen, dass wir uns nicht lange mit diesen Harmlosigkeiten aufhalten würden. Das war ganz in meinem Sinne, denn genau so hatte ich

Stefano, der das ja alles arrangiert hatte, meine Wünsche erklärt. Und von einer langen Vorlaufzeit war da keine Rede gewesen.

David, der anfangs einige Meter von mir entfernt gestanden hatte, kam Schritt für Schritt durch das Roggenfeld auf mich zu, während er mir ständig neue Anweisungen gab, wie ich den Kopf zu halten hatte, wie die Haare liegen oder wie ich ins Objektiv schauen sollte. Es machte den Anschein, als wäre mein Gesicht das Interessante an diesem Shooting, aber das sollte sich schnell ändern. Jetzt stand er nur noch einen Meter von mir entfernt und die Kamera senkte sich nach unten.

»So, und jetzt zeigst du mir mal deine geilen Titten, du kleine Bitch! Streck sie mir mal richtig entgegen und lass mich deine Nippel sehen!« Die feinen Härchen auf meinen Armen richteten sich auf. Meine Nippel hatten vorher schon gestanden, aber jetzt zogen sie sich noch ein bisschen mehr zusammen. Jetzt ging es also richtig los, allein der Gedanke machte mich schon geil.

David stand jetzt direkt vor mir. »Geht da noch mehr oder soll ich mal ein bisschen nachhelfen?«, fragte er mit einem unmissverständlichen Blick auf meine Titten. Bevor ich irgendetwas sagen konnte, stand er schon hinter mir und griff zu. Ich schloss die Augen und genoss seine fordernden, knetenden Hände. Dabei drängte er sich mit seinem Unterleib gegen meinen nackten Arsch und ich konnte eine deutliche Ausbuchtung in seiner Hose spüren. Natürlich konnte ich nicht widerstehen und bewegte meinen Arsch an seinem Riemen auf und ab. Sofort schlossen sich seine Finger um meine Nippel und er begann zu ziehen.

»Für die perfekte Aufnahme müssen die Dinger noch ein bisschen mehr stehen«, raunte er mir von hinten ins Ohr, »und wie ich sehe, komme ich mit so einer Behandlung ziemlich schnell zum Erfolg bei dir!«

Mein Stöhnen gab ihm recht und er erhöhte den Druck noch etwas. »Mal sehen, ob du so ein triebhaftes Luder bist, wie es mir versprochen wurde!« Eine seiner Hände verschwand von meiner Brust und lag im nächsten Moment auch schon auf meinem Arsch. Er griff hart zu, Schmerz durchzuckte mich, und ich war mir sicher, dass der Griff Spuren hinterlassen würde. David hatte schnell verstanden, dass das, was mein Mann ihm im Vorfeld über mich erzählt hatte, ernst gemeint war, und er sah offensichtlich keinen Grund, seine Dominanz zu verbergen.

»Das ist ein selten wohlgeformter Prachtarsch, den ich später noch näher inspizieren werde, aber fürs Erste reicht es mir, dich mal ein bisschen zu betatschen.« Seine Hand fuhr zwischen meinen Arschbacken entlang und berührte nur eine Sekunde später meine Möse. Seine Finger drangen tief in mich ein. Vor lauter Geilheit ging ich ein wenig in die Knie.

»Na, da läuft ja jemand schon jetzt fast aus und wir haben doch gerade erst angefangen!« Ich konnte die Zufriedenheit in Davids Stimme hören. »Der perfekte Zeitpunkt für ein paar Nahaufnahmen!« Er zog seine Finger wieder aus meiner Möse zurück, nicht jedoch ohne eine ordentliche Menge von meinem Mösensaft mitzunehmen, der daraufhin in einem schmalen Rinnsal an der Innenseite meiner Oberschenkel entlanglief. Dann stellte er sich wieder vor mich und nahm die Kamera auf.

»Ja, zeig mir deine dicken Titten und die harten Nippel!«, forderte er mich auf.

Sofort ging ich in Pose, denn natürlich war ich total scharf darauf, ihn richtig heißzumachen. Ich hatte die vielversprechende Ausbuchtung in seiner Hose ja schon gespürt und mein Ziel war es, dass er seinen Riemen so schnell wie möglich auspackte.

In meiner Fantasie streckte er mir seinen dicken Fickschwanz schon gierig entgegen und konnte sich bei meinem Anblick kaum zurückhalten, in der Realität machte er allerdings noch keine Anstalten, das Ding aus der Hose zu holen. Also gab ich mein Bestes und streckte ihm meine hart zusammengezogenen Nippel entgegen. Um ihm noch ein bisschen mehr einzuheizen, steckte ich mir einen Finger in die Möse, nahm etwas Mösensaft mit und verteilte ihn auf meinen nach vorn stehenden Nippeln.

Er reagierte sofort, aber anders als ich erwartet hatte. »Habe ich dir etwas davon gesagt, dass du eigene Ideen einbringen sollst? Das lässt du gefälligst bleiben! Hier hat nur einer die Regie, und das bin ich. Habe ich mich verständlich ausgedrückt?« Sein Gesichtsausdruck blieb völlig cool, doch seine Stimme ließ keinen Widerspruch zu.

Reumütig nickte ich einmal mit dem Kopf, aber gleichzeitig spürte ich ein heftiges Ziehen zwischen meinen Beinen.

Doch David hielt sich nicht länger mit der Situation auf. Er trat einen Schritt vor, beugte sich zu meinen Titten hinunter und saugte beide Nippel einmal an. Fast hätte ich einen spitzen Schrei ausgestoßen, so heftig machte er es, aber ich konnte mich so gerade noch zusammenreißen. Dann trat er wieder einen Schritt zurück und betrachtete sein Werk. Ich atmete scharf aus, denn der Schmerz ließ nur langsam nach.

»Perfekt, so sollen Nippel aussehen, die ich fotografiere!«

Vorsichtig warf ich einen Blick nach unten auf die geröteten, abstehenden Nippel und hoffte insgeheim auf weitere derartige Behandlungen.

»Und weiter geht es!«, riss David mich aber sofort aus meinen Gedanken. »Jetzt heb deine Titten mal ein bisschen an und mach mal das passende versaute Gesicht dazu!«

Ich folgte seinen Anweisungen so gut, ich konnte, und offensichtlich war er zufrieden. »Ja genau, das machst du gut!«, lobte er mich tatsächlich. Doch sofort hatte er wieder seinen Befehlston drauf. »Stell die Beine mal weiter auseinander, ich will eine richtig heiße Bitch auf meinen Fotos haben, sonst können wir die ganze Veranstaltung hier auch sein lassen!«

Schnell warf ich mich in die verlangte Pose, variierte meine Haltung immer mal ein bisschen und versuchte, meinen Fotografen zufriedenzustellen. Die Kamera klickte und David schoss ein Foto nach dem anderen.

»Dein Mann hat mich ja schon vorgewarnt, was für ein sexgieriges Luder du bist. Er hat mir aber nichts davon gesagt, dass du auch so ein fotogenes Naturtalent bist!«

Ich versuchte, meine Überraschung für sein Kompliment zu verbergen, aber es ging bei mir runter wie Öl, und natürlich bemühte ich mich jetzt noch ein bisschen mehr. David machte noch ein paar Fotos, dann ließ er die Kamera sinken.

»So, und jetzt will ich mal was ausprobieren!«, teilte er mir mit. »Dein Mann hat mir nämlich verraten, dass du kleine Sau ganz groß im Squirten bist.« Kaum ausgesprochen stand er auch schon hinter mir, drückte mit einer Hand meinen Oberkörper nach unten und schob mir zwei Finger von hinten in die Pussy.

Ich merkte sofort, dass er wusste, was zu tun war. Seine Finger bewegten sich schnell und stießen immer wieder gegen die richtige Stelle. Er machte es so gut und gleichzeitig so fordernd, dass ich innerhalb kürzester Zeit so weit war. Meine Möse zog sich zusammen, er stieß noch zwei- oder dreimal heftig zu und dann zog er seine Finger mit einem Ruck aus meiner Möse. Ein Schwall warmer Flüssigkeit spritzte aus mir heraus und lief meine Beine hinab. Die Intensität des Gefühls ließ mich aufschreien und sofort hatte ich die Finger wieder in mir. Er fingerte weiter, ließ mir keine Pause und noch zwei weitere Male squirtete ich heftig. Während der ganzen Zeit stand ich vornübergebeugt mit seiner Hand im Nacken und konnte meine Position nicht verändern.

Dann zog er sich plötzlich zurück und stellte sich mit gezückter Kamera wieder vor mich, während ich mit zitternden Knien um Fassung rang. Mit gerötetem Gesicht und wild um den Kopf verteilten Haarsträhnen richtete ich mich wieder auf.

Ich konnte die Begeisterung in Davids Stimme hören, als er wieder zu sprechen anfing. »Ja, genau so will ich dich sehen. Jetzt steht dir die Geilheit ins Gesicht geschrieben, du kleine Sau!«

Er machte ein paar Fotos von meinem Gesicht, dann kam schon die nächste Anweisung von ihm. »So und jetzt steigern wir das Ganze noch etwas. Los, fass mal an deine Möse und reib dich ein bisschen!«

Langsam ließ ich eine Hand nach unten gleiten. Ich musste vorsichtig sein, meine Klitoris pochte jetzt schon wie verrückt und ich wollte noch nicht kommen. Ganz sanft strich ich mit einem Finger über meine angeschwollene Lustperle, während ich keuchend nach Atem rang.

»Genau so, gut machst du das, das gibt noch ein paar richtig geile Fotos. Du siehst echt heiß aus, wenn du erregt bist!« David klang jetzt sehr zufrieden und ich meinte sogar einen geilen Unterton in seiner Stimme zu hören.

Doch dann nahm er die Kamera herunter und beendete damit die Situation. »Ich denke, es ist Zeit, deinen Mann mal dazuzuholen!«, eröffnete er mir, und winkte zu Stefano herüber, der die ganze Zeit geduldig am Feldweg gestanden hatte.

Ich gebe zu, ich hatte ihn zwischendurch fast vergessen, so hatte ich mich auf die Kamera und die geile Situation mit David konzentriert. Aber jetzt, als er durch das Roggenfeld auf uns zu kam, kreisten meine Gedanken sofort um die Möglichkeit, gleich Sex mit zwei Männern haben zu können.

Doch wer würde dann den Feldweg im Auge behalten? Die Vorstellung, bei unseren Aktivitäten erwischt zu werden, war mir nicht besonders angenehm.

Doch die Männer hatten das Shooting offenbar gut geplant. Stefano hatte eine Decke unter dem Arm, die er jetzt inmitten der Ähren ausbreitet. Dann setze er sich ein Stück entfernt zwischen die Ähren. Okay, so bestand natürlich keinerlei Gefahr, gesehen zu werden.

Kaum lag die Decke im Feld, war David schon wieder voll bei der Sache. »Dann lass uns mal weitermachen und die guten Lichtverhältnisse nutzen. Lange geht das nämlich nicht mehr.«

Davids Instruktionen waren eindeutig und schon einen Augenblick später lag ich auf der Decke, die Beine aufgestellt und die Schenkel gespreizt. Mein Fotograf hockte vor mir auf dem Boden, höchstens einen Meter entfernt.

»Los, streich mit den Händen über deinen Körper, zeig es mir! Und lass dir Zeit dabei!« Das war eine neue Situation, jetzt würde mein Gesicht wohl keine Rolle mehr spielen, wurde mir klar. Hoffentlich würde ich es hinbekommen, alles zu Davids Zufriedenheit zu machen und ihn gleichzeitig auch noch heiß auf mich werden zu lassen.

Langsam ließ ich eine Hand an meinem Hals hinabgleiten, bis sie an meiner Brust angekommen war. Zärtlich umspielten meine Finger die schon wieder harten Nippel, und als ich die Hand gerade weiter Richtung Bauchnabel wandern lassen wollte, kam sein nächstes Kommando.

»Stopp, nicht so schnell! Du zeigst mir jetzt mal, was eine kleine Schlampe wie du, die ganz eindeutig auf zwei Schwänze scharf ist, mit ihren Nippeln so anstellen kann!«

Oh, er hatte es ausgesprochen und es klang aus seinem Mund verlockend und versaut. Meine Möse fühlte sich plötzlich an, als würde sie glühen, und ich malte mir lieber nicht aus, welcher Anblick sich für David gerade bot. Doch natürlich kam ich unverzüglich seinem Wunsch nach und nahm beide Nippel zwischen meine Finger. Ich begann zu drehen und zu ziehen, erst vorsichtig, doch dann stärker. Es fühlte sich geil an und das Wissen, dass David mit seiner Kamera wahrscheinlich gerade richtig heiße Fotos davon machte, heizte mich zusätzlich an.

»Ja, da sieht geil aus. Vor allem wenn ich deine Pussy noch mit aufs Bild nehme! Also schön die Beine breit lassen!«

Die Art, wie David mit mir sprach, turnte mich total an. Meine Klitoris pochte wie verrückt und der Wunsch, endlich in meine klatschnasse Möse gefickt zu werden, wurde langsam übermächtig. Ich wollte genommen werden. Auf der Stelle sollten es mir beide Schwänze hart und ausdauernd besorgen und mich richtig durchvögeln. Doch die Stimme meines dominanten Fotografen holte mich wieder in die Realität zurück.

»Ja, so ist es gut. Zwei harte Nippel und eine Möse, aus der der Saft schon herausläuft, das werden geile Fotos! Und jetzt wanderst du mit deinen Händen runter zu deinem Spalt! Ganz langsam, lass dir Zeit. Ja, genau so!«

Ab jetzt würde es richtig versaut werden, daran bestand kein Zweifel, aber ich war schon so aufgegeilt, dass ich bereit war, alles mitzumachen.

»Ja, gut. Und jetzt steckst du dir zwei Finger ins Loch und mit der anderen Hand spielst du an deiner Lustperle!«

Stöhnend befolgte ich Davids Anordnung und dann hörte ich für eine Weile nur noch das Klicken der Kamera und das schwere Atmen der beiden Männer. Ich hatte meine Augen geschlossen und sah sie nicht, aber ich war davon überzeugt, dass sie genauso aufgegeilt waren wie ich.

Dann holte mich Davids befehlsgewohnte Stimme wieder aus meiner Entrückung. »So, Zeit für einen Stellungswechsel!

Dreh dich um, mach mir mal den Doggy und streck deinen Hintern schön nach hinten raus. Und deine Haare sollen dabei auf deinem Rücken liegen!«

Willig drehte ich mich um und ging auf alle viere. Der Fotograf führte die Regie, das hatten wir vorher besprochen. Natürlich konnte ich ein Veto einlegen, wenn ich irgendetwas absolut nicht tun wollte, aber eigentlich war gerade das Gegenteil der Fall. Ich wollte viel mehr, als ich in diesem Augenblick bekam.

So tief ich konnte, ging ich ins Hohlkreuz und streckte mich David entgegen. Ich wollte ihn reizen, ihm zeigen, was ich zu bieten hatte, und signalisieren, dass alles für ihn zur Verfügung stand. Ich konnte mir ungefähr vorstellen, wie geil das jetzt von hinten aussehen musste, und konnte kaum glauben, dass er immer noch so beherrscht war. Ich hielt es kaum noch aus, ein unbändiges Feuer brannte zwischen meinen Beinen und automatisch spreizte ich meine Schenkel noch ein bisschen mehr.

Und tatsächlich, aus dem Augenwinkel sah ich, wie David seine Kamera hinunterließ und auf den Knien zu mir kam. Nur eine Sekunde später spürte ich eine Hand auf meinem Arsch und dann etwas Kaltes, das mir zwischen die gespreizten Arschbacken geschoben wurde. »Ich glaube, so eine kleine Sau wie du hat wohl nichts dagegen, einen schönen dicken Plug in den Arsch geschoben zu bekommen«, hörte ich Davids Stimme, und bevor ich überhaupt reagieren konnte, drückte er mir den harten, kalten Gegenstand in den Anus. Ich stöhnte auf, einerseits, weil es wehtat, so wie er es machte, und andererseits, weil es so geil war.

»Habe ich mir doch gedacht, dass du darauf stehst«, kommentierte er mein Stöhnen. Dann schlug er mir einmal mit der flachen Hand auf die Arschbacken. »Sieht wirklich phänomenal in deinem Arsch aus!«

Wieder stöhnte ich auf und eine Sekunde später steckten seine Finger in meiner Möse.

»So, und jetzt verschönern wir den geilen Anblick noch ein bisschen.« Er zog seine Finger wieder aus mir heraus und begann, meinen Mösensaft über meinen Arsch und rund um meine Möse zu verteilen. Zufrieden betrachtete er das Ergebnis, dann rückte er wieder ein Stück von mir ab und ich konnte erneut das Klicken der Kamera hören. Er brauchte nichts mehr zu sagen, auch ohne seine Anweisung streckte ich meinen mit dem Plug verzierten Arsch der Kamera entgegen und versuchte, mich ihm so geil und so einladend wie möglich zu präsentieren.

Dann hörte das Klicken plötzlich auf und ich wendete den Kopf, um zu sehen, was los war.

»Lass den Kopf unten!«, herrschte er mich an, und sofort senkte ich den Blick wieder.

Es dauerte ungefähr dreißig Sekunden, dann spürte ich, wie sein Körper sich von hinten an mich drückte. Bevor ich die Situation richtig realisieren konnte, drang sein dicker, harter Schwanz in mich ein. Er nahm keinerlei Rücksicht und bohrte mir sein imposantes Rohr einfach bis zum Anschlag in die Möse.

Im ersten Moment blieb mir die Luft weg und überrascht stieß ich einen spitzen Schrei aus. Doch das schien ihn nur anzuspornen. Er drückte meinen Kopf nach unten, bis er auf der Decke lag und dann stieß er zu. Hart, schnell und unerbittlich rammte er mir seinen Schwanz in mein klatschnasses Loch.

Keuchend und stöhnend nahm ich seine Stöße entgegen, während sich ein unbeschreiblich geiles Gefühl in meiner Möse ausbreitete. Es war so geil, so intensiv, wie ich es selten empfunden hatte. Er hatte mich lange warten lassen, mich heißgemacht, mit mir gespielt und mir schließlich noch den Plug in den Arsch geschoben. Jetzt war ich total aufgeladen.

Schon nach den ersten harten Stößen verlor ich die Kontrolle, und ein unglaublich heftiger Orgasmus ließ meine Möse in wilde Zuckungen verfallen. Die Schläge mit der flachen Hand auf meinen Arsch, die David mir dabei versetzte, verstärkten das exzessive Gefühl noch und ließen meinen ganzen Körper erzittern. Hart und wild stieß er noch ein paarmal gegen mein Becken, dann zog er sich auch schon wieder aus mir zurück.

Ich war noch ganz benommen von der Intensität meiner Gefühle, als ich wieder das Klicken der Kamera hörte. Dieses Mal gab David mir keine Anweisungen, der Anblick meiner gefickten Möse sprach wohl für sich.

Doch dann meldete er sich wieder zu Wort. »So, Stefano, du kannst dich jetzt ausziehen, dein Einsatz ist gleich gefragt!«

Ein kurzer Blick zu meinem Mann genügte, um zu sehen, wie geil er inzwischen war. Endlich wurde seine Rolle als neutraler Beobachter beendet und er durfte mitspielen. Als er seine Hose nach unten schob, stand sein Schwanz schon hart und dick nach oben. Jetzt würden es mir zwei richtige Prengel besorgen und ich konnte es kaum erwarten.

Doch plötzlich schob sich etwas in mein Blickfeld und die Sicht auf Stefano wurde mir versperrt. Ich blickte hoch. David stand direkt vor mir, sein Schwanz glänzte von meinem Mösensaft im Sonnenlicht und er grinste mich von oben an. Mit einer lässigen Bewegung griff er mir in die Haare und zog meinen Kopf in Richtung seiner Latte. Die Eichel drückte gegen meine Lippen und im nächsten Augenblick schob er mir das dicke Teil in den Mund.

»Na mach schon, du Bitch, lutsch ihn mir! Darauf bist du doch schon die ganze Zeit heiß, stimmts?« David verstärkte den Griff in meinem Haar. »Und wenn du ihn ein Weilchen ordentlich geblasen hast, erlaube ich deinem Mann, dich dabei von hinten zu ficken. Also gib dir lieber mal ein bisschen Mühe!«

Ich konnte spüren, wie die fette Eichel in meinem Mund

noch eine Spur härter wurde. Jetzt wollte ich natürlich alles richtig machen. Meine Zunge umspielte das dicke Teil erst, dann ließ ich den Schwanz tiefer in meinen Mund gleiten und fing an, zu saugen und zu lutschen. Ich machte es schnell und kräftig, weil ich mir nicht vorstellen konnte, dass David auf die sanfte Tour stand.

Für einen kurzen Moment hatte ich das Gefühl, es gut zu machen, doch dann griff er resolut in meinen Nacken und schob mir seine dicke Latte tiefer in den Mund. Sein Griff war vollkommen unnachgiebig und bewegungsunfähig verharrte ich in der Stellung.

»Stefano!« Das war offensichtlich die Aufforderung an meinen Mann, mitzumachen. Seine Hände umfassten mein Becken, dann schob sich sein Schwanz in meine Möse. Gleichzeitig lockerte David seinen Griff um meinen Nacken etwas und ich konnte mich wieder bewegen.

Stefano wollte David offenbar in nichts nachstehen, denn er vögelte mich hart und schnell, während David es sich von meinem Mund besorgen ließ. Immer, wenn ich beim Blasen etwas nachließ, begann er sofort, mich mit schnellen, tiefen Stößen in den Mund zu ficken, hörte dann wieder damit auf und ließ mich erneut blasen. Die beiden Schwänze in mir fühlten sich so geil an, dass ich das Gefühl hatte auszulaufen, und mein lautes Dauerstöhnen schien die beiden Männer noch zusätzlich anzutreiben. Ich weiß zwar nicht, wie David es hinbekam, aber auch jetzt machte er Fotos.

Obwohl der Schwanz in meinem Mund kaum härter hätte sein können, und ich zwischendurch sogar mal den Eindruck hatte, er würde gleich spritzen, zog David ihn, bevor irgendetwas passierte, wieder aus meinem Mund.

»Ich muss schon sagen, deine Frau ist eine begnadete Schwanzlutscherin«, wandte er sich an Stefano. »Aber wem sage ich das? Wenn die kleine Drecksau immer so gut drauf ist, kann ich dich nur beglückwünschen!« Etwas atemlos, aber glücklich über das Kompliment blickte ich mich zu Stefano um, der zufrieden grinste. Er wusste, dass alles genau so lief, wie ich es mir gewünscht hatte.

Doch David ließ uns nicht viel Zeit für unser kleines Zwiegespräch, denn er gab schon wieder die nächsten Anweisungen.

»Also, Stefano, jetzt mache ich mal ein paar Fotos von euch beiden. Bleib einfach genau in dieser Stellung, das sieht richtig geil aus, wie du Vicky von hinten fickst! Ruhig etwas langsamer als gerade, aber trotzdem versaut und hemmungslos. Kriegt ihr das hin?«

»Das sollte wohl klappen«, gab Stefano zurück. »Wir treiben es ja nicht zum ersten Mal miteinander.«

Und schon spürte ich, wie sich seine Eichel wieder von hinten gegen meinen nassen Spalt drückte. Sein Schwanz war vollgeladen, er fühlte sich dick und hart an, doch er hielt sich an Davids Anweisung und bewegte sich nur langsam in mir. Langsam mit der vollen Länge rein und genauso langsam wieder zurück, aber immer nur so weit, dass er nicht herausrutschte. David hatte sich neben uns positioniert und schoss ein Foto nach dem anderen.

»Wow, das macht ihr perfekt! Selten so was Geiles gesehen!«, spornte er uns an. »Und jetzt geh mal richtig tief rein, Stefano, und fass dabei Vickys Titten an! Und du, Vicky, drehst den Kopf ein bisschen und schaust genau in meine Kamera!«

Stefanos Hände umschlossen meine Titten und ich wendete den Kopf zu David. Wow, er hatte immer noch eine fette Latte stehen, die noch genauso fickgeil aussah wie gerade, nachdem ich sie geblasen hatte. Der lüsterne Blick, der sich daraufhin sofort in mein Gesicht schlich, schien David zu gefallen. »Ja, Vicky, genauso will ich dich sehen! Das werden richtig gute Fotos!«

Stefano und ich verharrten für einen Moment in der Position und schon klickte die Kamera wieder.

Dann gab David uns ein Zeichen, dass er fertig war. Wir entspannten uns etwas und warteten ab, was als Nächstes kommen würde. Dieses Mal wandte sich unser Fotograf direkt an mich. »So, du kleine Sau, jetzt bist du fällig!«, sagte er grinsend zu mir. Ich wusste zwar nicht, was er genau damit meinte, aber in meinen Ohren klangen seine Worte äußerst vielversprechend.

»Stefano, du legst dich auf die Decke und Vicky setzt sich auf dich! Fick sie schön von unten durch, bis ich eingreife!«

Okay, auf dieses Eingreifen war ich schon sehr gespannt, und kaum lag mein Mann auf der Decke, saß ich auf ihm. Ich hob mein Becken etwas an und sofort begann er, mich von unten zu ficken.

»Ja, perfekt!«, kommentierte David. »Ein Schwanz in der Möse und ein Plug im Arsch, das sieht mal richtig geil aus!«

Ich konnte zwar nichts davon sehen, aber vorstellen konnte ich mir den Anblick schon. Und auch Stefanos Kopfkino arbeitete, das war eindeutig, denn sein Prengel in meiner Möse wurde sofort noch ein bisschen härter. Dann spürte ich, wie sich David von hinten näherte. Eine Hand legte sich auf meine Schulter und ohne irgendeine Ankündigung zog er mir mit der anderen den Plug aus dem Arsch. Überrascht zuckte ich zusammen, doch bevor ich auch nur den Kopf wenden konnte, spürte ich schon seine Eichel zwischen meinen Arschbacken.

Das Gefühl, das das Eindringen seines Prengels in meinen Arsch bei mir auslöste, war unglaublich. Er gab mir genau das, was ich jetzt brauchte. Sein Schwanz war hart, dick und unnachgiebig und für mich war es der pure Genuss.

Mit vorsichtigem, sanftem Stoßen gab er sich erst gar nicht ab. Ich stieß einen spitzen Schrei aus, weil er meinem Arsch keine

Chance auf Eingewöhnung gab, aber der ziehende Schmerz, den er mir bereitete, löste gleichzeitig auch eine unglaubliche Lust aus. Ich war nun nicht mehr in der Lage mich zu bewegen, war zwischen den beiden Männerkörpern gefangen und wurde von zwei Seiten ungezügelt und hemmungslos durchgevögelt. Ich war den beiden vollkommen ausgeliefert und ich konnte mir keine geilere Situation vorstellen.

Mir kam es als Erste. Die Reibung der beiden Schwänze lösten einen so heftigen Orgasmus in mir aus, dass jeder Gedanke an mögliche Zaungäste vollkommen ausgeschaltet war. Ich schrie meine Lust einfach aus mir heraus und kostete das Zucken und Pulsieren in meiner Möse und meiner Klit bis zur letzten Sekunde aus.

Die beiden Männer fickten einfach weiter und kaum war mein letzter Schrei verstummt, begann der dicke Prengel in meinem Arsch zu zucken. Ich hatte das Gefühl, jeden einzelnen Strahl des hinausschießenden Spermas genau zu spüren. David hatte noch nicht aufgehört zu spritzen, als auch Stefano loslegte und stöhnend sein Sperma in meine Möse schoss. Ich hielt einfach still, hörte mir das geile Gestöhne der Männer an und spürte meinem eigenen Orgasmus dabei so lange nach, wie es ging.

Plötzlich war es ganz ruhig, und völlig erschöpft und ausgepowert blieben wir alle drei für einen Moment einfach aufeinanderliegen. Dann zog sich David stöhnend aus mir zurück und stand auf. Ich ließ mich neben Stefano auf die Decke fallen und vollkommen befriedigt sah ich in den Himmel. Überrascht stellte ich fest, dass die Sonne schon total tief stand.

»Oh Mann, wo ist nur die Zeit geblieben? Ist ja kaum zu glauben, dass es schon zu dämmern anfängt!«

David griff grinsend zur Kamera und machte sich daran, seine Fotoausrüstung zusammenzupacken.

»Die besten Shootings sind immer die, wenn die Kunden gar nicht bemerken, wie die Zeit verfliegt! Und ihr zwei seht gerade aus, als ob ihr sehr zufriedene Kunden seid!«

Tja, was sollten wir dazu sagen? Er hatte vollkommen recht, zufriedener konnten wir in diesem Augenblick nicht sein.

Nachdem David seine Sachen zusammengepackt und sich angezogen hatte, verabschiedete er sich von uns. Stefano und ich blieben einfach noch ein bisschen auf der Decke liegen und hingen unseren Gedanken nach. Das Fotoshooting war ein echtes Highlight gewesen und ich freute mich jetzt schon auf den Besuch in Davids Fotostudio, wenn er uns die vielen geilen Fotos, die er heute gemacht hatte, zeigen würde.

BÜROBUMS - LASS DEN TRIEBEN FREIEN LAUF!

Montag

»Tschüss, Lisa, bis morgen!« Ich winke meiner Kollegin noch nach, dann schließt sich die Tür des Großraumbüros hinter ihr und ich bin allein.

Es ist kurz nach fünf und wie immer bin ich die Letzte im Büro. Im Gegensatz zu meinen Kollegen bin ich kein Frühaufsteher und dank der Gleitzeit in unserem Unternehmen ist es überhaupt kein Problem, wenn ich hier morgens erst zwischen neun und halb zehn auftauche. Ich bleibe dann nachmittags eben länger als alle anderen. Mein Chef und meine Kollegen machen zwar fast täglich ihre Witzchen, wenn ich wie immer morgens als Letzte hereinschneie, aber ich weiß ja, dass sie es nicht böse meinen. Sie sind froh, wenn sie das Großraumbüro so früh wie möglich wieder verlassen können, und ich bevorzuge es eben, am Abend noch mal ein bis zwei Stunden in Ruhe arbeiten zu können. Fünfundzwanzig Leute in einem Büro und das auch noch unter den Augen des ebenfalls anwesenden

Chefs, das ist schon ganz schön stressig. Die Firma nennt das »offene Kommunikation« und »Förderung des Teamgeists«, aber so viel Kommunikation und Teamgeist sind eben nicht jedermanns Sache. Aber was solls, so ist das jetzt nun mal, und wir machen das Beste daraus.

Jetzt ist es schlagartig ganz ruhig um mich herum und ich atme einmal tief durch. Dann wende ich mich wieder meinem Laptop zu und rufe die Präsentation auf, die ich morgen im Teammeeting vorstellen werde. Eigentlich ist alles fertig und gut vorbereitet, aber vorsichtshalber gehe ich die Seiten noch einmal durch. Ich arbeite konzentriert, doch plötzlich höre ich, wie sich die Tür zum Großraumbüro öffnet, und als ich aufblicke, sehe ich Herrn Löwenkamp aus dem Einkauf auf mich zukommen. Er lächelt mich an und mein Herz macht einen kleinen Sprung.

Herr Löwenkamp ist ein Mann nach meinem Geschmack, blonde Haare, blaue Augen und ein sehr selbstsicheres Auftreten. Ohne ein Wort zu sagen, geht er um meinen Schreibtisch herum. Er stellt sich hinter mich, legt seine Arme um meinen Körper und küsst zärtlich meinen Nacken. Ich habe meine Haare heute Morgen hochgesteckt und er nutzt die Gelegenheit und bedeckt meinen ganzen Hals mit Küssen.

»Hm, du riechst einfach fantastisch, Eva«, murmelt er und dann zieht er mit einer kraftvollen Bewegung den Schreibtischstuhl nach hinten und dreht ihn um. Ich blicke ihn von unten an, nehme wahr, wie gut er in seiner dunklen Jeans und dem weißen Oberhemd aussieht. Langsam stehe ich auf.

»Und Sie sehen einfach fantastisch aus, Herr Löwenkamp«, sage ich, dann schlinge ich meine Arme um seinen Hals und küsse ihn.

Natürlich sieze ich ihn nicht wirklich, aber das gehört zu unserem Spiel dazu. *Eva* und *Herr Löwenkamp* – wir finden es geil.

Während wir uns küssen, knöpfe ich sein Hemd auf und

streife es über seine Schultern. Meine Hände gleiten über seinen Oberkörper, dann beuge ich mich hinunter und küsse das kleine herzförmige Muttermal auf seiner linken Brust. Meine Lippen wandern ein paar Zentimeter tiefer, meine Zähne finden seinen Nippel und zärtlich beiße ich zu.

»Eva, was hast du vor?«, höre ich seine Stimme von oben, aber natürlich erwartet er keine Antwort. Ich sauge seinen Nippel in meinen Mund und gleichzeitig öffne ich seine Hose und schiebe sie zusammen mit seinem Slip ein Stück nach unten. Als ich mich hinknie, habe ich seinen steifen Schwanz direkt vor Augen.

»Das ging aber schnell, Herr Löwenkamp!«

»Hm«, brummt er nur, dann schließe ich meine Lippen um seine Latte. Meine Zunge spielt mit seiner Eichel, macht sie schön nass, dann fange ich an zu blasen. Er findet den Blowjob am geilsten, wenn ich vor ihm knie, das weiß ich, und entsprechend schnell wird sein Schwanz megahart in meinem Mund. Ich lasse ihn tief hineingleiten, sauge mich fest und lasse wieder locker. Er steht beim Blasen nicht auf die sanfte Tour, deshalb besorge ich es ihm hart und schnell.

Als er abspritzt, greift er vor Geilheit ziemlich fest in meine Haare, aber das macht nichts. Ich liebe es, wenn ich ihn so schnell zum Spritzen bringen kann und wenn er mir zeigt, wie geil ich ihn gemacht habe. Stöhnend schlucke ich sein Sperma und erst, als wirklich nichts mehr kommt, lasse ich seinen Schwanz aus meinem Mund gleiten. Er hilft mir hoch, schließt seine Hose wieder und sieht mich an. »Und, Eva, kann ich noch etwas für dich tun?«

»Nein, heute nicht, Herr Löwenkamp«, antworte ich ihm, »ich muss noch ein bisschen arbeiten.«

»Okay, ganz wie du möchtest.« Er zieht sein Hemd wieder an, gibt mir einen zärtlichen Kuss und dann verschwindet er durch die Tür des Großraumbüros.

Als ich knapp zwei Stunden später zu Hause ankomme, höre ich schon die Geräusche des Fernsehers aus dem Wohnzimmer. Marten, mein Mann, liegt auf dem Sofa und schaut sich irgendeine Quizsendung an.

»Hallo, Schatz, bin gleich bei dir«, begrüße ich ihn im Vorbeigehen und verschwinde schnell Richtung Bad.

»Was hast du denn mit deinen Haaren gemacht?«, ruft er mir noch hinterher, und tatsächlich, als ich in den Spiegel schaue, sehe ich, dass sich einige Strähnen gelöst haben. Schnell richte ich meine Frisur wieder, putze meine Zähne, und lege ein bisschen Lippenstift nach.

»So, da bin ich«, sage ich, als ich als ich mich zu ihm auf das Sofa setze. »Ich hatte einen echt anstrengenden Tag und musste mir mehr als einmal wegen meines blöden Chefs die Haare raufen.«

***

Dienstag

Es ist kurz vor fünf und ich sitze schon seit einer halben Stunde allein im Büro. Das schöne Wetter hat dafür gesorgt, dass alle Kollegen und auch unser Chef sehr pünktlich in den Feierabend gegangen sind. Ich gehe davon aus, dass das die ganze Woche so sein wird, und das spielt mir natürlich in die Karten.

Gleich wird er hier sein, ich habe ihn schon angetextet. Als die Tür sich öffnet, hebe ich den Blick und sehe ihm entgegen. Wie gut er wieder aussieht! Seine blonden Haare bilden einen starken Kontrast zu dem schwarzen Poloshirt, das er heute trägt, und sein Lächeln lässt mich mal wieder dahinschmelzen. »Hallo Herr Löwenkamp!«, sage ich noch, da ist er schon bei mir und zieht mich von meinem Schreibtischstuhl hoch.

»Komm mit!«, sagt er nur, und natürlich folge ich ihm. Er steuert den zentralen Druckerraum unserer Abteilung an, der ebenfalls im Großraumbüro untergebracht ist. Zwei große Drucker, mit denen man auch kopieren und Dokumente scannen und verschicken kann, dominieren den Raum. Außerdem gibt es noch ein Aktenregal, Ablagen für Eingangs- und Ausgangspost und einen Schrank für Büromaterial. Alles ist ziemlich vollgestellt und beengt, doch für uns reicht der Platz vollkommen aus.

Zielstrebig geht er auf einen der beiden Großdrucker zu und stellt sich davor. Dann schwingt er sein Becken ein paarmal vor und zurück. Es sieht aus, als wolle er das Gerät bumsen und ich muss grinsen, weil natürlich auf der Hand liegt, was er vorhat.

»Na, wer sagts denn, perfekte Höhe!«, stellt er zufrieden fest und dann wendet er sich wieder zu mir. »Du kannst dein Höschen ausziehen, Eva!«, sagt er. »Ich glaube, das würde uns jetzt nur stören.«

Ich greife unter mein Kleid, streife mir meinen Slip von den Hüften und lehne mich gegen das große Gerät. Mit seinen kräftigen Armen hebt mein Lover mich auf die Glasscheibe des Kopierers. Langsam schiebe ich mein Kleid bis zu meiner Taille hoch und öffne die Beine.

»Komm!«, sage ich.

»Nicht so eilig, Eva!«, erwidert er. »Du bist gestern zu kurz gekommen und das mache ich jetzt erst mal wieder gut.« Er beugt sich vor und ich spüre seinen Mund zwischen meinen Beinen. Seine Zunge öffnet meine Schamlippen und dann fängt er an, meine Klit zu lecken. Erst ganz langsam, dann immer schneller fährt seine Zunge über meine Lustperle und ich spüre, wie sich die Geilheit, die sich schon den ganzen Tag in mir aufgestaut hat, Bahn bricht. Ich stütze mich mit den Händen auf der Glasscheibe ab und dränge ihm meine Pussy entgegen.

Er leckt mich geil und ausdauernd, seine Zunge braucht keine Pause, und als er mir zwei Finger in die nasse Möse schiebt, kommt es mir. Meine Klit pocht wie verrückt und die Wellen der Lust lassen meine Möse zucken. Ich schließe die Augen und stöhnend lasse ich mich von ihm lecken und fingern, bis der Orgasmus vorbei ist.

»Hm, Herr Löwenkamp, das war richtig gut«, murmele ich. Dann spüre ich, wie sich sein Körper zwischen meine Beine drängt. Als ich die Augen öffne, hat er seinen steifen Schwanz schon in der Hand und seine Eichel drängt sich in meine offene Möse. Mit einem harten Stoß treibt er seinen Schwanz in mich. Er ist jetzt richtig aufgegeilt und damit er tiefer in mich reinkommt, rutsche ich auf der Scheibe ganz nach vorn und schlinge meine Beine um ihn. Er fickt mich, so wie er mich geleckt hat, schnell und ausdauernd. Ich höre, wie der Kopierer immer wieder gegen die Wand schlägt, aber es interessiert mich jetzt gerade nicht.

Dann stöhnt er laut auf. »Ah, ja, geil! Ich spritze dich voll«, keucht er und ich spüre, wie er sein Sperma in mich pumpt. Noch ein paar harte Stöße, dann hört er auf zu ficken. Sein Kopf sinkt auf meine Brust und sein Schwanz gleitet aus meiner Möse. Ein paar Sekunden bleibt er so stehen, dann hebt er seinen Kopf wieder an. »Du bist einfach phänomenal geil, Eva!«, sagt er. Und dann grinst er mich an. »Hoffentlich hat das Gerät das überlebt, besser wir machen mal einen Test.« Und schon hat er die Taste für Kopieren gedrückt und unter der Glasscheibe schiebt sich der Scanner unter meinem Po durch.

Lachend schauen wir uns das Ergebnis an: Ein Abbild meines Pos, etwas breitgedrückt, aber durchaus sexy. Dann hilft er mir von dem Kopierer und wir richten unsere Kleidung. Mit einem Kuss verabschiedet er sich von mir und verlässt pfeifend, in einer Hand die Kopie meiner Arschbacken, das Büro.

Als ich nach Hause komme, ist Marten noch nicht da. Ich springe unter die Dusche und bereite dann unser Abendessen vor. Wie so oft verbringen wir den Abend vor dem Fernseher.

***

Mittwoch

Ich sitze nicht an meinem Schreibtisch, als die Bürotür sich öffnet, und im ersten Moment schaut er sich leicht irritiert um. Doch dann entdeckt er mich. Ein Grinsen schleicht sich in sein Gesicht, als er registriert, wo ich mich befinde. Ich habe mich über Beates Schreibtisch gebeugt und strecke meinen Arsch nach hinten raus. Beate ist meine Kollegin und ich kann sie nicht leiden. Ständig versucht sie sich, beim Chef einzuschleimen, was ihr allerdings nicht besonders gut gelingt. Sie ist unglaublich spießig in ihren Ansichten und mit ihrer burschikosen Art und ihren hochgeschlossenen Polyesterblusen entspricht sie mal so gar nicht seinem Typ. Dass sie regelmäßig Kommentare zu meinem Kleidungsstil fallenlässt, ignoriere ich geflissentlich und ihrem blöden Flüstern hinter meinem Rücken schenke ich keinerlei Beachtung.

»Ah, der Schreibtisch deiner Lieblingskollegin soll es heute sein. Das sieht mir ja glatt nach einem kleinen Racheakt aus, Eva.«

»Genauso ist es, Herr Löwenkamp, und ich möchte hier bitte richtig durchgevögelt werden. Es macht auch gar nichts, wenn am Ende ein Spritzer Sperma irgendwo auf dem Tisch landet. Die blöde Kuh wird eh nicht erkennen, was es ist.« Ich wackle noch ein bisschen mit meinem Hintern hin und her, um ihm zu signalisieren, dass er ruhig schnell loslegen kann.

»Du kleines Biest!«, kommentiert er, dann stellt er sich hinter mich und ich höre, wie er seine Hose öffnet. Er schiebt meinen Rock nach oben und als er meinen roten, im Schritt offenen Minislip sieht, atmet er tief ein.

»Schade, dass ich deiner Kollegin kein Foto von diesem Anblick dalassen kann«, sagt er, »aber ich fürchte, die würde direkt einen Herzinfarkt kriegen!«

Sein Schwanz berührt meine Möse. Mit der Hand führt er ihn zwischen den Schamlippen auf und ab und verteilt meine auslaufende Nässe. Ich bin so unendlich geil auf ihn und kann es kaum erwarten, ihn endlich in mir zu spüren. Er weiß es und lässt mich noch ein bisschen zappeln, aber dann dringt er in mich ein. Von hinten spüre ich seinen Schwanz besonders intensiv. Er fickt mich langsam, lässt mich die volle Länge fühlen, schiebt ihn immer wieder tief rein und zieht ihn dann wieder zurück. Es ist megageil, aber es reicht mir nicht.

Ungeduldig fange ich selbst an, zu stoßen. Jetzt ficke ich ihn, werde immer schneller, stoße meinen Arsch immer härter gegen sein Becken und seinen Schwanz immer tiefer in mich rein. Ich höre, wie irgendetwas vom Schreibtisch fällt, fühle, wie Papier unter meinen Händen zerknüllt wird, und sehe, wie zwei Aktenordner sich zur Seite neigen und dann umfallen. Es ist mir egal, ich will einfach nur seinen harten Riemen spüren.

Wir kommen fast gleichzeitig, ich spüre, wie sein Schwanz noch ein bisschen dicker wird, und dann gibt es auch für mich kein Halten mehr. Der Orgasmus lässt meine Pussy zucken und keuchend genieße ich die geilen Wellen. Als er plötzlich seinen Schwanz aus meiner Möse zieht, ahne ich schon, was er vorhat.

Der erste Spermastrahl landet rechts von mir auf der Schreibtischplatte und der zweite trifft zielgenau den Rahmen des Fotos von Püppi, Beates geliebtem Chihuahua. Trotz meiner immer noch nicht abgeklungenen Geilheit muss ich lachen. »Volltreffer, Herr Löwenkamp! Genauso habe ich mir das vorgestellt!«

Er zieht mich vom Schreibtisch hoch und lachend liegen wir uns in den Armen und küssen uns. »Es war wieder megageil mit dir, Eva!«, flüstert er in mein Ohr und zärtlich küsse ich seine Nasenspitze. »Das finde ich auch, ich freue mich schon auf morgen«, antworte ich ihm.

Dann räumen wir zusammen noch ein bisschen auf, heben die runtergefallenen Stifte wieder auf, streichen das zerknüllte Papier glatt und stellen die Aktenordner wieder auf. Das Sperma auf dem Schreibtisch wischen wir mit einem Papiertaschentuch ab, doch die Verzierung auf Püppis Fotorahmen lassen wir, wo sie ist. Es ist eh nicht viel und Beate wird niemals daraufkommen, *was* es ist. Ein schlechtes Gewissen habe ich nicht, sie hat sich das verdient, nach all der Tuschelei und der Schlechtmacherei hinter meinem Rücken.

Als ich eine Stunde später nach Hause komme, wartet Marten schon etwas ungeduldig auf mich. Seine Schwester hat Geburtstag und hat uns auf ein Glas Sekt eingeladen. Er treibt mich zur Eile, wir sind spät dran. Schnell mache ich mich frisch und wir ziehen los.

***

Donnerstag

Wir stehen eng umschlungen vor meinem Schreibtisch, küssen uns, und er drückt seine harte Latte gegen meine Pussy. Er ist erst seit ein paar Minuten hier, aber die Luft zwischen uns knistert schon, als würde gleich ein Gewitter losbrechen.

»Ich habe die ganze Woche deine Titten noch nicht gesehen.«

Allein seine Worte machen mich schon wieder geil. »Soll ich sie mal auspacken?« Ich warte seine Antwort nicht ab. Langsam knöpfe ich meine Bluse auf und hole meine Titten aus dem BH. Sie sind eh nicht klein, aber so präsentiert sehen sie noch größer aus und außerdem ziemlich versaut. Die Bügel des BHs pressen sie zusammen und schieben sie nach vorn, sie sehen aus, als warteten sie nur darauf, angefasst und durchgeknetet zu werden.

Er greift mit beiden Händen zu, packt sie hart an und lässt dann sofort wieder locker, um sich mit den Nippeln zu beschäftigen. Eine erste sanfte Berührung, dann nimmt er beide Nippel zwischen die Finger, dreht, zieht und dreht wieder.

Ich stöhne lustvoll, genieße, was er macht und als er sich herunterbeugt und einen Nippel zwischen die Lippen nimmt, schließe ich die Augen. Er saugt zärtlich, erst ist die eine Seite dran, dann wechselt er zur anderen. Dann richtet er sich wieder auf.

Noch einmal greift er richtig zu. »Ich will deine Titten ficken.«

Eine geile Vorstellung, das habe ich schon lange nicht mehr gemacht, und ich nicke ihm zu. »Wo sollen wir es machen, Herr Löwenkamp?«, frage ich ihn.

Er greift nach meiner Hand. »Komm mit. Und lass die Dinger genau so raushängen, das macht mich richtig an.« Ich folge ihm mit meinen freiliegenden, wackelnden Brüsten durch das Büro. Er steuert unseren Besprechungsraum an und zieht mich hinein. Mit einem schnellen Griff rückt er einen Stuhl ein Stück vom Tisch weg.

»Setz dich!«, fordert er mich auf und ich folge seiner Anweisung. Er starrt auf meine nach vorn gepressten Titten und für mich sieht es so aus, als liefe bereits ein Film vor seinen Augen ab. Dann öffnet er seine Hose und holt seinen Schwanz raus. Dick und prall liegt er in seiner Hand, genau auf Höhe meines Gesichts.

Er kommt näher, und bevor die Eichel meine Lippen berühren kann, öffne ich meinen Mund. Langsam schiebt er ihn hinein. Ich lutsche ihn, mache ihn ordentlich nass, damit er gleich gut zwischen meinen Titten gleiten kann.

Während ich ihn blase, lasse ich meine Bluse von den Schultern gleiten und öffne meinen BH, der würde beim Tittenfick nur stören. Ich lasse ihn ebenfalls fallen. Ich fühle, wie der Schwanz in meinem Mund richtig hart wird. Dies ist der richtige Moment. Ich ziehe meinen Kopf zurück und der nasse Schwanz steht wieder vor meinem Gesicht.

Mein geiler Lover stellt sich breitbeinig über den Stuhl. Mit seinen Händen hält er sich an der Stuhllehne fest, geht leicht in die Knie und legt seinen Schwanz zwischen meine Titten. Ich presse die Dinger fest zusammen und sofort fängt er an, zu ficken. Der nasse Riemen gleitet mühelos rauf und runter, ich sehe, wie seine dunkle Eichel immer wieder auftaucht und verschwindet. Er wird nicht lange brauchen, so megahart, wie ich ihn aus meinem Mund entlassen habe.

Ich sehe seine geilen Blicke, die genau verfolgen, wie sein harter Schwanz meine Titten fickt und als er aufstöhnt, weiß ich, dass es so weit ist. Ich lasse los, er greift mit einer Hand in meine Haare und zieht meinen Kopf zurück. Seine andere Hand fängt an, den Schwanz zu wichsen, und schnell schließe ich die Augen.

Der erste Strahl seines heißen Spermas landet in meinem Gesicht, danach folgt Fontäne für Fontäne, bis er nahezu mein ganzes Gesicht mit seinem Saft zugekleistert hat. Es fühlt sich einfach nur geil an.

Als er fertig ist, bleibe ich einfach mit geschlossenen Augen sitzen, sein Sperma tropft von meinem Gesicht auf meine nackten Brüste, aber es dauert nicht lange und ich höre ein Rascheln. Mit einem Papiertaschentuch säubert er mein Gesicht und als ich die Augen wieder öffnen kann, zieht er mich hoch und küsst mich. »Du bist wirklich die Geilste, Eva. Ich könnte es wirklich jeden Tag mit dir machen!«

Dazu sage ich lieber nichts, aber ich küsse ihn noch einmal zärtlich, bevor wir uns verabschieden. »Bis morgen, Herr Löwenkamp!«, flüstere ich in sein Ohr und dann verlässt er den Raum.

Ich ziehe mich an. Heute mache ich mich schon auf der Damentoilette des Büros wieder frisch, man weiß ja nie, wo eventuell noch etwas Sperma hängen geblieben ist und wem man auf dem Flur vielleicht noch begegnet. Dann räume ich meinen Schreibtisch auf und fahre nach Hause.

Mein Mann ist nicht da, als ich zu Hause ankomme. Donnerstags spielt er immer Karten mit ein paar Freunden und ich weiß, dass es spät wird und ich ihn heute nicht mehr sehen werde. Ich nehme noch ein Bad und gehe früh schlafen.

***

Freitag

Als die Bürotür sich öffnet, habe ich schon alles vorbereitet. Die Unterlagen vom Schreibtisch meines Chefs sind abgeräumt, hier soll möglichst nichts zerknüddelt oder mit irgendwelchen Flüssigkeiten befleckt werden.

Eigentlich ist mein Chef ganz in Ordnung, heute treiben mich nicht irgendwelche Rachegelüste an, so wie bei meiner Kollegin Beate. Aber ich finde, zu einer Woche Bürobums gehört auf jeden Fall auch ein ordentlicher Fick auf dem Schreibtisch des Chefs. Das findet Herr Löwenkamp auch, wie ich an seinem amüsierten Gesichtsausdruck sehe.

Ich habe mir extra ein ganz dem Klischee entsprechendes Sekretärinnenoutfit angezogen und stehe nun in weißer Bluse, schwarzem Bleistiftrock und klassischen Pumps vor meinem Lover. Abgerundet habe ich das Ganze mit einer Perlenkette und einer schicken Hochsteckfrisur. Ich lege meine Arme um seinen Nacken und flüstere in sein Ohr: »Möchtest du heute mal den Chef spielen?«

Er geht sofort auf mein Spiel ein, löst sich von mir und setzt sich auf den Chefsessel. Dann sagt er in strengem Ton: »Eva, komm bitte sofort einmal zu mir!«

Ich gehe zu seinem Schreibtisch und er redet weiter. »Wo ist der Vertrag mit den endgültigen Preisen für unser IT-Projekt bei der Firma Kühne? Ich hatte mir alle Unterlagen dazu extra in eine Klarsichthülle gepackt und hier auf meinen Schreibtisch gelegt!«

Er deutet mit seiner Hand über den leeren Tisch. »Also, wo sind die Unterlagen?«

Ich setze einen erschrockenen Gesichtsausdruck auf. »Das verstehe ich jetzt auch nicht, Herr Löwenkamp, ich habe nichts weggeräumt. Vielleicht hat jemand das in Ihren Schubladenschrank geräumt?«

Ich beuge mich zu dem Container mit den fünf Schubladen hinunter und öffne die erste. Natürlich strecke ich mein Hinterteil in dem engen Rock dabei in seine Richtung.

»Hm, hier ist nichts.« Ich durchwühle eine Schublade nach der anderen und als ich bei der untersten angekommen bin, spüre ich seine Hand, die sich unter meinen Rock schiebt. »Dann schau eben noch mal ein bisschen gründlicher nach, Eva!«, sagt er, während er meinen Slip zur Seite schiebt.

Ich fange noch einmal bei der ersten Schublade an. Seine Finger sind inzwischen an meiner Möse angekommen und als er sie zwischen die Schamlippen schiebt, fühlt er natürlich sofort, wie nass ich schon bin.

»Was ist das denn, Eva?«, fragt er. »Wir versuchen hier, eine ernste Angelegenheit zu klären, und du hast eine nasse Möse dabei? Ich glaube, dir ist die Wichtigkeit der Sache nicht ganz klar!«

Ich drehe mich zu ihm um, ohne mich aufzurichten. »Doch, natürlich, Herr Löwenkamp. Es tut mir leid.«

»Den Eindruck habe ich aber nicht, Eva. Und jetzt lass das Gewühle in den Schubladen mal sein, da sind die Unterlagen ja offensichtlich nicht. Komm her, du schaust jetzt mal unter dem Schreibtisch nach, vielleicht ist die Mappe ja runtergefallen!«

Als ich mich ihm zuwende, sehe ich, dass er seine Hose aufgemacht und seinen Schwanz herausgeholt hat. Ich gehe in die Knie, um unter den Schreibtisch zu krabbeln, aber er hält mich fest.

»Moment mal«, sagt er, »du kannst nicht so wichtige Unterlagen verbummeln, und dann meinen, das hätte keine Konsequenzen!« Er zieht meinen Kopf zu seinem Riemen, der jetzt hart und steif ist und den er mit einer Hand zu meinem Mund dirigiert. »Na los, lutsch meinen Schwanz!«

Ich knie vor dem Chefsessel und lasse mir das harte Ding in den Mund schieben. Mein Klit pocht wie verrückt dabei und ich bin mir sicher, dass ich gerade meinen Slip einnässe, so geil macht mich sein dominantes Auftreten. Ich fange an zu blasen und er sorgt mit seiner Hand auf meinem Hinterkopf dafür, dass sein Schwanz immer wieder tief in meinen Mund gedrückt wird. Er lässt mich einige Minuten so blasen, dann zieht er meinen Kopf hoch und sieht mich an. »So, und jetzt schau mal unter dem Schreibtisch nach!«

Ich krabbele auf allen vieren unter den Tisch. »Hier ist auch nichts, Herr Löwenkamp.«

»Eva, Eva … Und nun?«

»Ich weiß es auch nicht, Herr Löwenkamp.« Ich krabbele wieder unter dem Schreibtisch hervor und sehe ihn fragend an.

»Ich glaube, ein oder zwei kleine Denkanstöße wären jetzt das Richtige«, sagt er. Dann steht er auf, zieht mich hoch und schiebt meinen Rock nach oben.

»Leg dich auf den Schreibtisch und zieh deinen Slip aus!«

Ich tue, was er gesagt hat, und sofort zieht er mich an meinen Beinen zu sich, bis mein Po genau an der Schreibtischkante liegt. Er drückt meine Schenkel weit auseinander, stellt sich dazwischen und schaut sich meine geöffnete Möse an, während er langsam seinen Schwanz wichst.

Ich sehe, wie die Latte in seiner Hand immer größer wird. Als sie richtig hart und dick ist, setzt er die Eichel an meiner Möse an und stößt sie in mich. Meine Möse ist so nass, dass er ohne Probleme sofort tief in mich eindringen kann. Er fickt mich hart und schnell und ich stöhne laut unter seinen Stößen.

»Und«, keucht er, »ist dir schon eingefallen, wo die Unterlagen sind, oder brauchst du noch ein paar Denkanstöße?«

Sein Schwanz nagelt mich hart weiter und ich lasse in meinem Kopf noch einmal die Szene ablaufen, wie ich gerade vor ihm gekniet habe und seinen Schwanz lutschen musste. Ich spüre, wie sich ein heftiger Orgasmus bei mir anbahnt.

»Nein, es tut mir leid!«, stöhne ich. »Ich kann mich einfach nicht erinnern!«

In diesem Moment drückt er seinen Daumen auf meine Klit und fängt an, zu reiben. Er trifft genau die richtige Stelle, es dauert nur Sekunden, dann kommt es mir. Ich sehe ihn an, während die Wellen des Orgasmus durch meine Möse strömen, sehe, wie er die Augen schließt, und dann spüre ich das Zucken seines Schwanzes in mir. Ich drücke mir meine Faust in den Mund, damit ich nicht vor Geilheit und Lust laut aufschreie. Auch er unterdrückt seine Schreie, während wir gleichzeitig kommen.

Als wir fertig sind, müssen wir beide erst mal wieder zu Atem kommen. Dann hilft er mir vom Schreibtisch, ich schlüpfe in meinen Slip und ziehe meinen Rock wieder nach unten. Mein Blick fällt auf mehrere Papierstapel auf dem benachbarten Schreibtisch, die ich vorhin dort abgelegt habe.

Schnell greife ich sie und halte sie ihm entgegen. »Das gibts doch gar nicht, Herr Löwenkamp. Da sind ja Ihre Unterlagen!«

Jetzt müssen wir beide lachen und prustend lehnen wir uns aneinander. Dann räumen wir alle Unterlagen und Papiere wieder ordentlich zurück auf den Chefschreibtisch und verabschieden uns mit einem zärtlichen Kuss.

»Ich wünsche dir ein schönes Wochenende, Eva!«, sagt er noch und dann verschwindet Herr Löwenkamp durch die Tür.

Ich muss noch eine wichtige Excel-Datei für die kommende Woche vorbereiten. Eine Stunde später verlasse ich ebenfalls das Büro.

Am Abend sind mein Mann und ich mit Freunden auf ein Bierchen verabredet. Wir verbringen einen lustigen Abend in unserer Stadtteilkneipe und gegen Mitternacht sinke ich todmüde in mein Bett.

***

Samstag

Als ich am nächsten Morgen aufwache, schläft Marten noch. Ich gehe in die Küche und setze Kaffee auf. Dann räume ich ein paar Sachen in die Spülmaschine und schaue mir die neuesten Nachrichten auf meinem Handy an.

Nach einer Viertelstunde höre ich Geräusche aus dem Schlafzimmer. Ich fülle zwei Tassen mit Kaffee und gehe los. Als ich ins Schlafzimmer komme, sind die Jalousien bereits hochgezogen. Marten liegt auf seiner Bettdecke und hat die Arme hinter dem Kopf verschränkt. Sein Schwanz steht in unmissverständlicher Position nach oben. Ich gehe zu seiner Bettseite und stelle die beiden Kaffeetassen auf dem Nachttisch ab. »Was ist denn hier los?«, frage ich ihn.

Er zieht mich zu sich ins Bett und dann auf sich. Seine Latte drückt unmissverständlich gegen meinen Venushügel.

»Ich habe da etwas über dich gehört, Eva«, sagt er.

»Ja, was denn?«, frage ich zurück und versuche, meine Stimme möglichst unschuldig klingen zu lassen.

»Ich habe gehört, du fickst im Büro mit anderen Kerlen rum, Eva.«

Mit großen Augen blicke ich ihn an. Dann beuge ich mich herunter und küsse das kleine herzförmige Muttermal auf seiner linken Brust. »So ein Quatsch, Herr Löwenkamp!«, sage ich. »Ich würde doch niemals mit fremden Kerlen herumvögeln.« *Eva* und *Herr Löwenkamp*, wir finden es geil.

Als sein Schwanz in mich eindringt, fühlt es sich schon wieder so gut an, dass ich sofort laut aufstöhne. Ich habe einfach den geilsten Mann der Welt. Niemals würde ich ihn betrügen.

Tantra Massage - Frivoles Treiben zu Dritt

Leas Augen waren verbunden und auf ihren Lippen lag ein erwartungsvolles Lächeln. Sie hatte sich auf das kleine erotische Abenteuer bereitwillig eingelassen, denn was Sex anging, liebte sie die Abwechslung. Meine Vorfreude auf diesen Abend war allerdings mindestens genauso groß wie ihre. Sorgfältig und mit Liebe zum Detail hatte ich alles vorbereitet und das perfekte Ambiente für diesen besonderen Anlass geschaffen.

Heute würde Lea im Mittelpunkt einer erotischen Massage mit zwei Männern stehen und es würde keine Tabus geben. Und obwohl es auch ihre Entscheidung gewesen war, war sie verständlicherweise ein wenig nervös, denn es war für sie eine völlig neue Erfahrung, den Mann, mit dem sie gleich Sex haben würde, nicht zu kennen. Sie hatte sich völlig auf mich und mein Gespür für die Auswahl der richtigen Person verlassen müssen. Ich war mir sicher, dass sie von meiner Wahl nicht enttäuscht sein würde.

Ich weiß noch genau, wie wir auf die Idee für diesen Abend gekommen sind.

Vor einigen Monaten hatte eine gute Freundin Lea von ihren Erfahrungen beim Tantra erzählt. Die Freundin hatte an Workshops und Seminaren teilgenommen und sich vollkommen begeistert von der spirituellen Kraft und der sexuellen

Magie der Tantramassagen gezeigt. Ihre Begeisterung war auf Lea übergesprungen und dann auch ganz schnell auf mich. Wir wollten das unbedingt selbst einmal ausprobieren und haben uns deshalb zu einem sogenannten ›*Tantramassage-Ritual zu dritt*‹, angemeldet.

Das Ritual wurde von einer erfahrenen Masseurin angeleitet, wobei ich die empfangende Person war und Lea zusammen mit der Tantralehrerin den gebenden, also den aktiven Part übernommen hat. Ich wurde also von zwei Frauen mehr als zwei Stunden lang massiert und verwöhnt und konnte mich nicht ansatzweise daran erinnern, so etwas Sinnliches und gleichzeitig Erotisches schon einmal erlebt zu haben. Wir drei waren während des gesamten Rituals nackt, und das Gefühl, nicht nur von vier Händen, sondern auch von zwei nackten Körpern massiert zu werden, war eine tolle Erfahrung.

Dennoch fanden wir beide, dass diese Tantramassage zwar ein äußerst reizvolles Erlebnis gewesen war, der erotische, geile Teil jedoch einen zu kleinen Anteil an dem Ritual hatte. Ja, es war sinnlich-anregend gewesen, aber wir hätten uns noch eine stärker ausgeprägte sexuelle Komponente gewünscht.

In den folgenden Wochen haben wir deshalb die Erfahrungen aus dem Tantraritual für uns selbst ein wenig angepasst und umgestaltet. Wir haben Teile des Rituals übernommen und dabei unsere eigenen sexuellen Vorlieben einfach integriert. Das war etwas ganz Neues für uns beide und hat unserem sexuellen Appetit aufeinander noch einmal einen ganz neuen Kick gegeben.

Doch heute Abend wollten wir gern noch einmal von einer erfahrenen Person unterwiesen werden, denn wir wollten mehr über das Ritual zu dritt lernen. Anders als beim ersten Mal sollte heute jedoch die dritte Person ein Mann sein und Lea würde im Mittelpunkt stehen. Zwar sollten auch wir Männer nicht unbeachtet bleiben, das wollte Lea so, aber im Wesentlichen sollte sie diejenige sein, die sowohl mit Elementen aus dem Tantra als auch mit darüber hinausgehenden sexuellen Wünschen verwöhnt werden würde.

Und noch einen Unterschied zum ersten Mal gab es. Die Massage würde in unseren eigenen vier Wänden stattfinden, nämlich in unserem eigens dafür eingerichteten und ganz neu gestalteten Tantrazimmer. Obwohl das, was wir machten, nicht unbedingt ein reines Tantraritual war, hatte uns die Umgebung und die Atmosphäre bei unserer ersten Massage so gut gefallen, dass wir mit großem Eifer unser ehemaliges Arbeitszimmer innerhalb von einem Monat in einen tantrischen Ritualtempel verwandelt hatten. Mit einem großen Bett, Tüchern, Kissen und schönen Accessoires hatten wir eine heimelige, intime Aura geschaffen. Tonangebend waren die Farben Rot, Gelb und Orange und durch das Zusammenspiel von sphärischer Musik, zahlreichen Kerzen und flauschig-weichen Teppichen war ein ganz besonderer Raum entstanden.

Ich hatte ein bisschen suchen müssen, um einen Tantramasseur zu finden, der bereit war, zu uns nach Hause zu kommen und hier seine Tantraerfahrungen mit unseren sexuellen Wünschen zu kombinieren. Aber letztlich hatte ich jemanden gefunden und ich war mir sicher, dass ich mit Noah einen sehr guten Griff getan hatte.

Nun war es endlich so weit und wie vorher besprochen, war Noah schon vor einer halben Stunde bei uns eingetroffen. Er hatte sich mit unserem Tantraraum vertraut gemacht und sich ein bisschen vorbereitet. Lea hatte er noch nicht kennengelernt und ich war mir sicher, dass er genauso gespannt auf sie, wie sie auf ihn war.

Ich nahm Leas Hand und führte sie in unseren kleinen Tantratempel. Trotz der verbundenen Augen ging sie aufrecht und selbstsicher an meiner Seite, voller Vorfreude auf das, was sie erwartete. Noah stand nackt in der Mitte des Raums und wartete auf uns. Im Hintergrund spielte leise, harmonische Musik und die Kerzen tauchten unseren Liebestempel in ein atmosphärisches Licht.

Lea trug lediglich einen bunten Pareo, den sie vorn mit einem einfach zu lösenden Knoten verschlossen hatte. Als sie den Raum betrat, konnte ich beobachten, wie sich sein freundlicher, offener Gesichtsausdruck veränderte und einem freudig-erregten Lächeln wich.

Das fing ja schon mal gut an, denn es zeigte mir, dass Noah sich von dem vorgegebenen Tantraritual lösen konnte und unseren Ideen gegenüber tatsächlich aufgeschlossen war. Und dass Lea ihm ausgesprochen gut gefiel, war ebenfalls nicht zu übersehen.

Ich schloss die Tür hinter uns und die Aura des Raumes entfaltete sofort ihre Wirkung. Wir befanden uns nun in einer anderen Welt und hier würden wir unsere sexuellen Fantasien ausleben. Wir blieben noch einmal kurz stehen, ich entledigte mich ebenfalls meiner Kleidung und dann führte ich Lea zu Noah.

Mit verbundenen Augen stand sie lächelnd zwischen uns und ohne ein Wort zu sagen, löste sie den Knoten ihres Pareos und ließ ihn zu Boden gleiten. Ihr schöner Körper kam zum Vorschein, die perfekte Kombination von Sinnlichkeit und verführerischer Weiblichkeit. Noahs Augen glitten an ihm herab, ich konnte sehen, wie er den Anblick in sich aufsog, aber er blieb einfach still stehen und sagte auch nichts.

Lea streckte eine Hand aus und wie verabredet reichte ich ihr einen Flakon mit duftendem, vorgewärmtem Massageöl. Sie ließ etwas davon in ihre Hand tröpfeln und verrieb es dann zwischen ihren Handflächen. Ich nickte Noah zu und er trat etwas näher an sie heran. Im nächsten Moment berührten ihre Hände sanft seine breite Brust. Mit kleinen kreisenden Bewegungen verteilte sie das duftende Öl und massierte es in seine Haut ein.

Noah genoss die sanften Berührungen mit geschlossenen Augen und ließ die angenehme, erotisch aufgeladene Atmosphäre auf sich wirken. Lea nahm sich Zeit, überstürzte nichts, streichelte und massierte auch seinen Hals, seine Schultern, die Arme und seine Hände bis hinunter zu und jedem einzelnen Finger.

Die zärtliche Massage gefiel nicht nur Noah, auch Lea war hingebungsvoll bei der Sache, und als sie das Öl an seinem Bauch verteilte und es bis hinunter zum Ansatz seines Schwanzes verrieb, wurde der sofort ein bisschen dicker. Die Kombination aus Öl und Kerzenschein ließ Noahs Muskeln noch ein wenig ausgeprägter wirken und zusammen mit dem jetzt leicht angeschwollenen Schwanz sah er einfach geil aus. Ich freute mich schon auf den Moment, wenn Lea seinen athletischen Körper endlich zu sehen bekommen würde.

Als Noahs Oberkörper komplett mit dem Öl eingerieben war, kam ich an die Reihe. Lea drehte sich zu mir, streckte wieder die Hand aus und ich ließ neues Öl hineinrinnen. Meinen Oberkörper behandelte sie genauso hingebungsvoll und intensiv wie zuvor Noahs, und natürlich provozierte sie auch bei mir eine Reaktion meines Schwanzes. Abwechselnd machte sie danach bei Noah und mir weiter. Zuerst wurden unsere Rücken eingerieben, dann der Po, wobei sie auch den Anus nicht ausließ, und schließlich die Beine bis hinab zu den Füßen. Ihre feinfühligen Hände verwöhnten unsere Körper, die sie selbst nicht sehen, aber auf diese Art und Weise trotzdem erkunden konnte.

Jetzt war eigentlich nur noch ein Teil nicht massiert worden und ich fieberte dem mit zunehmender Geilheit entgegen. Doch zuerst widmete sie sich wieder Noah.

Mit einigen Tropfen frischen Öls in den Händen strich sie vorsichtig an seinen Leisten entlang, während ihre Handrücken schon seine Eier und seinen Penis berührten. Als sie schließlich mit beiden Händen seinen halbsteifen Schwanz umschloss und ihn zärtlich und gefühlvoll massierte, dauerte es nur wenige Sekunden, bis er unter ihren Händen hart wurde und voller Erwartung nach oben stand.

Lea ließ sich davon jedoch nicht beirren, sie wusste, worauf es ankam und bezog nun auch seine prallen Eier in die Massage mit ein. Ganz langsam und zuerst nur mit einer Hand kümmerte sie sich um sie, bevor sie auch ihre zweite Hand einsetzte. Ich konnte Noah ansehen, dass er am liebsten Leas Körper ebenfalls angefasst hätte, aber er war natürlich ein Profi und beherrschte sich. Denn so war die Regel, keine Berührungen, solange man selbst massiert wurde.

Trotz der verbundenen Augen hatte Lea ein feines Gespür dafür, wie weit sie gehen konnte. Sie verringerte immer wieder im richtigen Augenblick die Intensität ihrer Zärtlichkeiten und trieb so die sexuelle Spannung weiter in die Höhe. Wenn Noahs Schwanz zu hart wurde, beschränkte sie sich darauf, zärtlich an seinem Schaft entlang zu reiben und seine Eier nur noch ganz sanft in den Händen zu halten. Hatte er sich wieder beruhigt, griff sie erneut fester zu.

Lea erwies sich als eine Göttin mit ihren Händen und das Öl machte ihre Berührungen unglaublich geschmeidig. Ab und zu ließ sie auch mal einen Finger an Noahs Damm entlang bis zu seinem Anus gleiten und jedes Mal hörte ich dann ein leises Stöhnen von ihm.

Ich konnte es kaum noch erwarten, selbst an der Reihe zu sein und endlich ebenfalls in den Genuss so einer geilen Schwanzmassage zu kommen. Doch im Moment blieb mir nur, zuzusehen, wie sie Noah bearbeitete, und ein immer lustvolleres Stöhnen bei ihm erzeugte. Sein Schwanz zuckte erregt, jedes Mal, wenn sie den Druck ihrer Hände wieder erhöhte, und ich genoss es, so ein intensiv heißes Vorspiel geliefert zu bekommen.

Abschließend konzentrierten sich ihre Finger auf das Spiel an seiner dicken Eichel. Sie hatte die Vorhaut zurückgezogen, hielt seine Latte mit einer Hand fest umschlossen und verwöhnte und stimulierte mit ihren öligen Fingerkuppen die sensible Spitze seines Schwanzes. Obwohl sie Noah nicht sehen konnte, schaffte sie es auch bei diesem Spiel, den Druck ihrer Behandlung zum passenden Zeitpunkt wieder herunterzuschrauben, sodass er sich beruhigen und wieder entspannen konnte.

Endlich wandte sie sich wieder mir zu und als sie mich berührte, konnte ich ihre aufgestaute Erregung sofort spüren. Noahs Körper zu erkunden, seinen Schwanz und seine Eier zu massieren, hatte ihr gefallen und Lust auf mehr ausgelöst.

Trotzdem ließ sie sich bei der Massage meines Riemens genauso viel Zeit wie vorher bei Noah, verwöhnte mich und befasste sich intensiv mit meinem Schwanz und meinem Anus. Mehrmals dachte ich, dass ich spritzen müsste, aber immer nahm sie sich genau im richtigen Moment zurück und verhinderte, dass meine Lust sich entlud.

Es war unendlich geil, so von ihr verwöhnt zu werden, doch irgendwann wurde es Zeit, Lea in den Mittelpunkt zu stellen. Sie hatte uns alles gegeben und nun war sie selbst an der Reihe. Nicht nur vier Hände, auch zwei Schwänze warteten schon ungeduldig darauf, sie zu verwöhnen.

Ich löste ihre Augenbinde und endlich konnte sie sehen, was sie zuvor lediglich erfühlt hatte. Intensiv nahm sie den fremden Mann, der vor ihr stand, in Augenschein. Ihre Blicke glitten über seine Gesichtszüge, seinen Körper und seinen

Schwanz. Dann erhellte ein Lächeln ihr Gesicht. »Genau so habe ich mir dich vorgestellt«, sagte sie zu Noah und der fragte: »Gefalle ich dir?«

»Ja, sehr«, antwortete sie schlicht und mehr musste nicht gesagt werden.

Noah und ich rieben unsere Hände mit Öl ein und dann ging es los. Wir standen immer noch in der Mitte des Raums, das mit einem indischen Tuch bedeckte Bett lockte zwar, aber im Stehen war Leas ganzer Körper zugänglich, und genau so hatte sie es sich für den Anfang gewünscht.

Vier Hände legten sich gleichzeitig auf sie. Während ich ihre Schultern und den Nacken sanft massierte, kümmerte unser Gast sich um ihre Arme, Hände und den Hals. Es war ein unbeschreiblich schönes Gefühl, ihre weiche und zarte Haut zu streicheln, und es war offensichtlich, wie sehr sie die Berührung unserer Hände genoss.

Wir ließen uns ganz viel Zeit und als ich begann, ihren Rücken Stück für Stück mit Öl einzureiben, legte Noah seine Hände ganz sacht auf ihre Brüste. Langsam begann er, zu massieren. Die prallen Brüste passten genau in seine Hände und es erregte mich, wie er sie so hingebungsvoll mit Öl einrieb. Seine eigene Lust versuchte Noah gar nicht erst zu verbergen. Seine gerade noch ganz ruhige Atmung wurde schneller, unübersehbar stand seine harte Latte nach vorn ab und berührte immer wieder ganz leicht Leas Hüfte.

Wenn Leas Nippel ab und an zwischen seinen massierenden Fingern auftauchten, konnte ich sehen, wie hart sie schon waren. Natürlich konnte Noah nicht lange widerstehen, und als er anfing, sich intensiver mit den dunklen Spitzen zu beschäftigen, wurde Leas Atmung schneller.

Er machte weiter, mal sanft, mal mit mehr Druck und er hörte erst wieder damit auf, als Leas Stöhnen sehr laut wurde.

Jetzt bewegten sich seine Hände langsam nach unten, umkreisten ihren Bauchnabel und begannen wieder zu massieren.

Ich war mit meiner Massage inzwischen bei ihren Beinen angekommen, verrieb das Öl erst auf ihren hinteren Oberschenkeln, ging dann in die Hocke und rieb ihre Unterschenkel und die Füße ein. Es dauerte nicht lange, bis auch Noah sich hinhockte und wir zusammen das duftende Öl auf ihren Beinen verteilten. Es bedurfte keiner Worte, als Lea nach einer Weile ihre Beine ein wenig weiter auseinanderstellte.

Ich nahm mir neues, warmes Öl und reichte die Flasche an Noah weiter. Mit kreisenden Bewegungen widmete ich mich Leas Pobacken, während Noah ihren Venushügel langsam und genussvoll einrieb. Ich versuchte, so viel wie möglich davon mitzubekommen, was er tat, nicht nur, wie ich es geil fand, sondern auch, weil ich von ihm lernen wollte. Während ich meine öligen Finger zwischen Leas Pobacken gleiten ließ und anfing, ihren Anus zu massieren, sah ich den sanften Bewegungen von Noahs Fingern zu. Er zog kleine Kreise auf ihrem Venushügel, arbeitete sich langsam tiefer und hatte schließlich ihren Kitzler erreicht. Ich konnte die geschwollene Lustperle ab und zu zwischen seinen Fingern hervorscheinen sehen, was unglaublich geil war.

Lea atmete jetzt stoßweise, abwechselnd schob sie ihr Becken zu Noah, der gefühlvoll ihre Klit umkreiste und dann drängte sie sich wieder meinem Finger entgegen, der immer noch an ihrem Anus spielte. Es war mehr als eindeutig, wie sehr es ihr gefiel, von zwei Männern gleichzeitig verwöhnt zu werden.

Ich intensivierte meine Massage noch ein bisschen und gleichzeitig sah ich mir an, wie fremde Finger gekonnt Leas Schamlippen massierten. Die Situation war unglaublich geil, aber ich wusste, dass wir aufpassen mussten. Wenn wir so weitermachten, würde Leas Lustzentrum gleich explodieren und dann gab es kein Zurück mehr.

Ich suchte Augenkontakt mit Noah und er verstand meinen Blick sofort. Unsere Finger zogen sich von ihr zurück und wir standen wieder auf. Ich beobachtete genau, was er tat, schließlich wollte ich von ihm lernen, und als er anfing seinen Körper sanft an Leas Körper zu reiben, tat ich es ihm nach. Ganz eng nahmen wir Lea in unsere Mitte, berührten mit unseren Körpern ihre weiche Haut und bewegten uns langsam hin und her. Wir rieben uns zärtlich an ihr, ließen sie unsere Haut und unsere Muskeln spüren, und sie genoss es mit geschlossenen Augen. Natürlich spürte sie unsere harten Riemen dabei und ich bin mir sicher, dass ihr das ausgesprochen gut gefiel. Ich konnte förmlich spüren, wie sich die sexuell aufgeladene Spannung zwischen uns dreien noch weiter verstärkte. Es war an der Zeit, unser sanftes Ritual zu beenden und sich dem härteren Sex zuzuwenden.

Ich löste mich als Erster von Lea und Noah verstand und machte es mir einen Augenblick später nach. Es fühlte sich für mich an, als wenn ich einen Schalter umgelegt hätte, als ich zum ersten Mal seit einer gefühlten Ewigkeit etwas sagte. »Und Lea, hast du einen Wunsch, wie es weitergehen soll?«

Lea musste nicht überlegen, sie wusste sofort, was sie wollte. »Diese Massage mit dem ganzen Körper war richtig geil. Damit würde ich gern noch ein bisschen weitermachen, aber dieses Mal auf dem Bett. Und ich will mich an euch reiben und nicht umgekehrt, okay?« Sie blickte uns beide an und wir nickten zustimmend. Nicht nur, weil wir sowieso jeden von Leas Wünschen erfüllt hätten, sondern auch, weil wir die Idee ebenfalls sehr geil fanden.

Zu dritt gingen wir zu dem großen Bett, das unsere Spielwiese sein würde und sie gab uns ihre Anweisungen. »Legt euch nebeneinander auf die Matratze«, forderte sie uns auf, »und lasst mich einfach machen! Glaubt mir, das wird euch gefallen!«

Ich hatte keinerlei Zweifel, dass uns alles gefallen würde, was Lea mit uns anstellte, und kaum hatten wir uns hingelegt, kletterte sie ebenfalls aufs Bett. Zuerst legte sie sich auf Noah. Katzenhaft geschmeidig bewegte sie sich an seinem gesamten Körper auf und ab und nutzte das bereits reichlich verteilte Öl als Schmiermittel. Allein das Zusehen machte mich geil und wie es unserem Gast erging, bedarf wohl keiner weiteren Erklärung. Immer wenn ich einen kurzen Blick auf seinen knallharten Ständer erhaschen konnte, wurde er entweder gerade von Leas Titten, ihrem Bauch oder zwischen ihren flutschigen Beinen gerieben.

Aber auch bei Lea tat die kontinuierliche Reibung ihre Wirkung. Ihre erogenen Zonen wurden ja ebenfalls ununterbrochen stimuliert und es wunderte mich deshalb überhaupt nicht, dass ihre Bewegungen immer wilder wurden und ihr Stöhnen immer lauter. Aber sie behielt die Kontrolle und nach einigen geilen Minuten hielt sie inne und kletterte zu mir herüber.

Das wurde auch höchste Zeit, der Anblick der ineinander verschlungenen Körper neben mir hatte mich dermaßen aufgeheizt, dass es mir immer schwerer gefallen war, die Finger von meinem Schwanz zu lassen und es mir selbst zu besorgen. Doch das war jetzt nicht mehr nötig, Lea machte so mit mir weiter, wie sie mit Noah aufgehört hatte, rieb ihren unfassbar erotischen Körper an mir und stöhnte mir ununterbrochen lustvoll ins Ohr dabei. Sie schaffte es, die Spannung und die Erregung immer am Siedepunkt zu halten, und als sie schließlich von mir abließ und sich stöhnend zwischen Noah und mich drängte, sorgten wir umgehend dafür, dass es dabei blieb.

Sie hatte sich auf die Seite gelegt, mit dem Gesicht zu mir und dem Rücken zu Noah. Sofort lagen seine Hände auf ihrem Körper. Seine Finger glitten an ihren Schulterblättern, der Wirbelsäule und ihrem Steißbein entlang, umrundete ihren

Po und wanderten dann wieder nach oben. Mit geschlossenen Augen spürte Lea seinen Berührungen nach und ich konnte an ihrer Mimik ablesen, wie die sexuelle Spannung in ihr weiter anstieg. Ihre Lippen waren leicht geöffnet und eine leichte Röte hatte ihr Gesicht überzogen. Lange würde sie ihr Verlangen nicht mehr zügeln können. Sie konzentrierte sich voll und ganz auf Noahs Fingerspiel und ich beobachtete das Ganze und wartete auf den richtigen Zeitpunkt, um mitzumachen.

Seine Hand wanderte wieder nach unten, und wie selbstverständlich zog Lea ein Bein an und stellte es auf. Seine Finger erschienen von hinten zwischen ihren Beinen, streichelten ihren weichen, glatten Spalt, massierten ihre Schamlippen und tasteten sich langsam nach innen vor. Er überstürzte nichts, wusste, worauf es ankam, und ließ sich auch nicht von Leas Stöhnen zu schnelleren Bewegungen antreiben. Ich wusste, wie liebend gern sie jetzt sofort seinen Schwanz in sich gespürt hätte. Sie wollte sich auf der Stelle richtig durchficken lassen, doch Noah ließ sie noch ein bisschen zappeln.

Mir blieb gerade nur die Rolle des Zuschauers, aber allein das war schon so heiß, dass ich das Gefühl hatte, die Raumtemperatur sei schon um einige Grade angestiegen. Leas Atem ging jetzt schneller und ich ging davon aus, dass Noah den Druck seiner Finger an ihrer Möse erhöht hatte. Ich entschied, dass dies der richtige Zeitpunkt für mich war, ebenfalls wieder mitzumachen. Ich drängte mich ihr von vorn entgegen, legte meine Hände um ihre Titten und rieb über ihre Nippel.

Gleichzeitig zog Noah seine Finger zurück und schob seinen Körper näher an sie heran, und als Lea kurz die Luft anhielt und dann heftig wieder ausatmete, wusste ich, dass er in sie eingedrungen war. Ihre Nässe und das flutschige Öl hatten sich längst vermischt und bildeten das perfekte Gleitmittel, um seinen langen, harten Schwanz ohne Probleme aufnehmen zu können. Er bewegte sein Becken ganz langsam, drang immer wieder sanft und gefühlvoll in ihre Möse ein, zog sich zurück und schob seinen Schwanz wieder in sie.

Ich streichelte sie dabei weiter, massierte ihre Titten und ihre steifen Nippel und flüsterte ihr ein paar Sauereien ins Ohr. Als ihre Finger meinen Schwanz berührten, zuckte ich kurz zusammen, so sehr hatte ich mich allein auf sie konzentriert. Im Takt von Noahs Fickbewegungen fing sie an, mein hartes Teil zu reiben, und als ich meine Lippen auf ihren Mund drückte, antwortete sie sofort mit einem leidenschaftlichen Kuss.

Mit ihr zu knutschen, während sie von hinten gefickt wurde, machte mich voll an. Dass sie mir dabei gleichzeitig den Schwanz rieb, machte die Sache umso geiler, zumal sie jedes Mal richtig zugriff, wenn Noah seinen Schwanz besonders tief in ihr versenkte. In diesen Momenten drang nur noch ein keuchendes Stöhnen tief aus ihrer Kehle, und ihre Finger packten heftig zu. Das war so geil, dass mein Rohr davon immer härter wurde, und ich konnte spüren, wie das Sperma nach oben stieg. Ich musste ein bisschen aufpassen, zum Spritzen war es definitiv noch zu früh, also startete ich eine kleine Gegenoffensive. Ich wusste, wenn ich ihre Pussy und ihre Klit befummelte, während sie gefickt wurde, würde sie sich nicht mehr auf meinen Schwanz konzentrieren können.

Langsam bewegte ich meine Finger abwärts, schob sie zwischen ihre Schamlippen und tastete mich weiter vor bis zu ihrer Klit. In diesem Moment umfasste Noah ihre Hüften, hob sie leicht an und drehte sie auf den Bauch. Lea lag nun auf meiner Hand, aber als Noah eines ihrer Beine einfach ein Stück nach oben schob, spreizte sich ihre Möse und meine Finger lagen genau an der richtigen Stelle. Ich fing an zu reiben und zeitgleich schob Noah seine harte Latte von hinten in ihre offene Möse. In dieser Stellung konnte er seinen Schwanz extrem tief in sie hineinschieben, und genau das tat er auch. Stoß um Stoß wurde sein Rhythmus schneller, hart und unnachgiebig fickte er sie. Innerhalb von ein paar Sekunden war meine Hand total eingenässt, so heftig lief der Saft jetzt aus Leas Möse. Vorsichtshalber verlangsamte ich meine Fummelei etwas, denn ich wollte, dass sie diesen geilen Fick noch etwas länger genießen konnte.

Doch sie wollte gar keine Verzögerung mehr. »Mach, mach, hör nicht auf!«, flehte sie mich geradezu an, und natürlich machte ich weiter. Meine Finger an ihrer Klitoris rieben schneller und schneller, Noah vögelte sie härter und härter und Leas Keuchen wurde lauter und lauter. Dann schrie sie kurz auf und ich konnte das Pulsieren ihrer Klit an meinen Fingern spüren. Ein Schwall Mösensaft ergoss sich über meine Hand, während ich weiter rieb und Noah weiter fickte. Stöhnend genoss sie ihren heftigen Orgasmus, drängte sich mal meiner Hand und mal Noahs Schwanz entgegen.

Als die heftigen Wellen der Lust irgendwann nachließen, entspannte sich ihr Körper wieder. Ganz relaxt lag sie bäuchlings auf dem Bett, als ich meine Hand unter ihr hervorzog und Noah seinen Schwanz aus ihrer Möse gleiten ließ.

Doch ich kannte ja meine Süße, und deshalb verwunderte es mich kein bisschen, als sie ihren Kopf hob und uns ansah. »Mmmmh, das war echt geil Jungs!«, seufzte sie genießerisch. »Davon will ich unbedingt noch mehr!«

Noah und ich grinsten uns an. »Kein Problem!«, kommentierte er. »Genau dafür stehen wir ja heute zu deiner Verfügung.«

Lea und ich hatten im Vorfeld natürlich schon ein bisschen über unsere Wünsche und Vorstellungen für diesen Abend gesprochen, deshalb konnte ich mir denken, was sie jetzt gern machen würde. Und nun war genau die richtige Gelegenheit, der Sache einen kleinen Anschubser zu geben.

»Was hältst du davon, wenn du dich auf meinen Schwanz setzt und Noah später auch mitmacht?«, schlug ich also ganz unschuldig vor. Lea wusste natürlich genau, was ich mit ›mitmachen‹ meinte, und begeistert stimmte sie mir zu. »Super Idee, Schatz«, sagte sie und dann zu Noah gewandt: »Hast du auch Lust auf etwas Ungewöhnliches?«

»Klar, dafür bin ich ja hier!«, antwortete der. »Sag mir einfach, was ich tun soll!«

Die Aussicht darauf, gleich noch einmal geil gefickt zu werden, spornte Lea sichtlich an. Schnell hatte sie noch einmal das Öl gegriffen, ließ etwas davon in ihre Handflächen tropfen und rieb dann unsere beiden Schwänze ausgiebig damit ein. Als unsere Latten wieder knallhart nach oben standen, nickte sie uns zufrieden zu. »Dann lasst uns mal loslegen!«, sagte sie. »Zuerst sollt ihr mich abwechselnd ficken, ich sage euch dann, wie es weitergeht!«

Einen Moment später saß sie auf meinem Bauch und mein harter Prengel lag genau zwischen ihren Schamlippen. Sie bewegte ihr Becken vor und zurück, rieb ihre Möse an meinem Schwanz, und es fühlte sich endlos geil und versaut an. Meine Hände umschlossen ihre Titten, die bei jeder Bewegung verführerisch über mir tanzten, und das machte mich noch eine Spur heißer. Ich hoffte, dass ich nicht zu früh abspritzen musste, denn schließlich waren wir mit unserer Nummer noch lange nicht am Ende angelangt.

Glücklicherweise schien auch Lea zu bemerken, was die Reibung meines Schwanzes zwischen ihren Schamlippen bei mir auslöste, und sie hielt für einen Moment inne. Doch lange hielt sie das Stillsitzen natürlich nicht aus. Nach ein paar Sekunden hob sie das Becken an, brachte mit einer Hand meinen Riemen in Stellung und setzte die Eichel an ihrer Möse an.

Langsam, ganz langsam, ließ sie sich nieder, sodass ich jeden Zentimeter des Eindringens in ihr Loch spüren konnte. Mein Schwanz schob sich in sie und die Schwerkraft erledigte den geilen Rest. Sie hielt sich in aufrechter Sitzposition, und als meine Latte bis zum Anschlag in ihr steckte, schloss sie die Augen und verweilte für einen längeren Moment ganz still. Sie gab mir die Gelegenheit, ihren mit Öl eingeriebenen Körper zu betrachten, der im flackenden Licht der Kerzen schimmerte und einfach unwiderstehlich aussah.

Ich sog den Anblick in mich auf, die glänzende Haut, die schlanke Taille, die runden Brüste mit den abstehenden Nippeln und das vollkommen entspannte, schöne Gesicht. Mit geschlossenen Augen begann sie schließlich, ihr Becken vor- und zurückzuschieben. Sie hatte die Muskeln in ihrer Pussy angespannt, und trotz ihrer eher kleinen Bewegungen wurde mein Schwanz mit einer unglaublichen Intensität gerieben. Sie stützte sich mit ihren Händen auf meiner Brust ab, wechselte in kreisende Bewegungen und wurde allmählich immer schneller.

Als sie stoppte und keuchend ihr Becken anhob, wusste ich genau, was sie wollte. Wir waren ein eingespieltes Team und als ich nun das Ficken übernahm und ihr von unten meinen Riemen in die nasse Möse trieb, bohrten sich ihre Fingernägel vor Lust in meine Brustmuskulatur. Ich fickte sie hart und schnell, doch das hielt ich natürlich nur eine begrenzte Zeit lang durch, und als ich langsamer wurde, hob sie ihr Becken wieder an und ließ meinen Schwanz aus sich hinausgleiten.

Dann senkte sie ihren Oberkörper auf meine Brust herab. Jetzt stand ihr Arsch provozierend geil in die Höhe und diese Einladung verstand ihr zweiter Lover natürlich sofort. Nun war er an der Reihe, es ihr zu besorgen, und er ließ sich nicht lange bitten. Er schien nur auf seinen Einsatz gewartet zu haben, denn er war sofort hinter ihr.

Ich konnte mir den Anblick, der sich ihm nun bot, sehr genau vorstellen und ich beneidete ihn ein wenig darum. Sie hielt ihm die gerade noch von mir durchgefickte Möse völlig hemmungslos entgegen, und er konnte seinen dicken Prengel gar nicht schnell genug in ihr versenken. Er drang mit einem so harten Stoß in sie ein, dass Lea nach Luft schnappte, aber nur eine Sekunde später begann sie lustvoll zu stöhnen.

Noah hatte die Situation genau richtig eingeschätzt und seine zärtliche, rücksichtsvolle Art vollkommen aufgegeben. Jetzt war es vorbei mit Streicheln, Massieren und sanftem Stimulieren. Lea wollte hart gefickt werden und er gab es ihr so, wie sie es jetzt brauchte. Ihr lautes, geiles Stöhnen bestätigte nur, was er sowieso wusste.

Er tobte sich in ihrer Möse aus, variierte sein Tempo immer wieder aufs Neue und trieb sie mit seinem geilen Schwanz immer neuen Höhen entgegen.

Ich sah, wie Lea sich immer weiter in ihre Lust hineinsteigerte, und als sie keuchend die Augen verdrehte, wusste ich, dass der richtige Moment gekommen war. Ich griff unter ihr Kinn und hob ihren Kopf leicht an, um auf mich aufmerksam zu machen, denn so langsam wollte ich auch wieder ins versaute Spiel mit eingebunden werden.

»Bist du bereit für einen zweiten Schwanz, meine Süße?«, fragte ich sie so laut, dass auch Noah es hören konnte. Kaum hatte ich meine Frage ausgesprochen, ließ sie seinen Schwanz aus ihrer Möse gleiten und kam mit ihrem Becken wieder runter zu mir.

»Ich bin so was von bereit. Fühl doch mal selbst«, sagte sie und schob meine Hand zwischen ihre Beine. Wow, das fühlte sich mehr als versaut an, ihre Möse war klatschnass und das einzige Wort, was mir zu ihrem Zustand einfiel, war ›aufgefickt‹.

Sofort brachte ich meinen Ständer in Position und nur eine Sekunde später steckte er in dem versauten Loch. Lea beugte sich wieder vor und drehte den Kopf zu Noah um. »Komm!«, sagte sie.

»In den Arsch?«, fragte er, denn das war das, womit er gerechnet hatte.

»Nein, in die Möse!«, antwortete sie ihm. »Ein Schwanz reicht mir da jetzt nicht mehr.«

Er zögerte nur ganz kurz, dann grinste er. »Okay, mal was Neues ausprobieren, das ist genau mein Ding!«

Ich konnte fühlen, wie sein Schwanz sich zu meinem in das enge Loch schob, aber ich ließ mich davon nicht irritieren. Lea und ich machten das nicht zum ersten Mal und ich hatte kein Problem damit, dafür war es einfach zu geil.

Ich fing an zu ficken und es dauerte nicht lange, bis Noah mitmachte. Schnell hatten wir uns eingespielt und Leas lautes Stöhnen zeigte uns, dass wir es richtig machten. Wir hatten sie gut vorbereitet und das viele Öl, das vorher schon zum Einsatz gekommen war, machte die Sache einfach. Ich sah, wie Noah immer wieder seine Blicke auf Leas Möse richtete, er hatte ohne Zweifel die geilere Sicht von uns beiden. Aber der Abend war ja noch nicht zu Ende und ich schloss nicht aus, dass ich die Gelegenheit, mich am Anblick von zwei Schwänzen in Leas Loch aufzugeilen, später auch noch mal bekommen würde.

Lea und Noah kamen fast gleichzeitig. Ich konnte das Pulsieren in ihrer Möse genau spüren, als es bei ihr losging und Noahs heftige Reaktion sprach Bände. Er stöhnte laut auf, zog ruckartig seinen Schwanz aus ihr und verteilte heftig wichsend sein herausschießendes Sperma auf ihrem geilen Arsch. Sein Blick war dabei die ganze Zeit auf ihre Möse gerichtet, die immer noch von mir gefickt wurde.

Jetzt brauchte nur noch ich einen geilen Abschluss. Ich zog meine keuchende Freundin zur mir herunter. »Dreh dich um, Süße!«, stieß ich mit letzter Kraft hervor und sie wusste sofort, was ich wollte. Blitzschnell hatte sie sich auf mir umgedreht, saß jetzt mit dem Rücken zu meinem Gesicht auf meiner Latte und präsentierte mir ihren von Noah vollgespritzten Arsch. Es brauchte nur zwei oder drei Stöße, dann begann mein Schwanz zu pumpen. Ich spritzte meinen Saft tief in ihre Möse und dabei ließ ich die geilen Bilder dieses Abends an meinem geistigen Auge noch einmal vorbeilaufen.

Am Ende ließ ich mich völlig erschöpft in die Kissen sinken. Meine Göttin saß immer noch auf mir, ließ ihr Becken ganz langsam kreisen und hörte erst auf, als mein Schwanz aus ihr herausglitt.

Zu dritt lagen wir schließlich nebeneinander auf dem Bett und Leas Lob ließ nicht lange auf sich warten.

»Das habt ihr wirklich gut gemacht, Jungs«, sagte sie und der geile Unterton in ihrer Stimme ließ keinen Zweifel daran, dass sie mit uns noch nicht fertig war.

Die Sexnacht - Nach der Party flachgelegt

Kaum hat sich die Tür hinter uns geschlossen, fällt er über mich her. Er kommt mir vor wie ein wildes, ausgehungertes Tier, das Gegenteil von dem, was er bis eben noch gewesen ist. Nämlich ein eloquenter und höflicher Mann, der für jeden auf der Party ein freundliches Wort hatte und der ein Meister darin war, den Frauen auf äußerst charmante Art und Weise Komplimente zu machen, ohne dabei auch nur eine Spur aufdringlich zu sein.

Doch nun zeigt Matteo sich mir von einer ganz anderen Seite, einer Seite, die ich noch mehr an ihm liebe als seine höfliche Art. Wie sein Blick sich schon mit dem Schließen der Tür verändert hat! Nun bin ich nicht mehr nur seine Geliebte, sondern auch seine Beute.

Mit einer Hand zieht er mich zu sich, die andere legt er um meinen Nacken. Sein Griff ist fest und unnachgiebig, und als er sich gegen mich presst, bekomme ich sofort seinen harten Fickriemen zu spüren. Obwohl ich es nicht will, entfährt mir ein Stöhnen. Ich kann nicht anders, so sehr macht mich seine Latte an, die er fordernd gegen meinen Unterleib drückt. Er hat es ziemlich schnell rausgehabt, welche Knöpfe bei mir zu drücken sind, wenn es um schnellen, harten Sex geht. Er weiß, wie ich ticke, ich kann es nicht ändern.

Mein Kleid und meine Unterwäsche reißt er mir förmlich vom Leib, nur meine roten hochhackigen Pumps lässt er unberührt, bevor er mich aufs Bett wirft.

Dann ändert er sein Tempo. Betont langsam kommt er auf mich zu, während er sich ganz lässig zuerst sein Hemd und dann seine Schuhe auszieht. Sein Oberkörper ist braun gebrannt und gut geformt. Seine ganze Erscheinung strahlt geballte Männlichkeit aus. Während er seine Hose mit selbstbewusster Coolness öffnet und sie dann abstreift, lässt er mich nicht aus den Augen.

Aber auch ich beobachte ihn. Meine Blicke wandern über seinen Körper und bleiben unweigerlich an seinem harten, ungewöhnlich großen Schwanz hängen. Das geile Teil steht gerade nach oben und aus meiner Lage sieht es riesig und versaut aus. Ich stehe auf große Schwänze und hier habe ich eindeutig ein Prachtexemplar vor mir. Allein der Anblick weckt in mir das Verlangen, umgehend hart und ausdauernd gefickt zu werden.

»Zeig mir deine geile Fotze!« Sein Tonfall lässt keinen Widerspruch zu, was mich total anmacht. Es gefällt mir, so eindeutige, schamlose Anweisungen zu bekommen. Das heißt aber nicht, dass ich das Spiel nicht auch beherrsche. Betont lässig stütze ich mich auf meinen Ellenbogen ab, ziehe die Beine an und stelle die roten Pumps auf der Bettdecke ab. Dann spreize ich ganz langsam die Schenkel. Ich kann fühlen, wie mir etwas Saft aus der Möse läuft, als die Schamlippen sich teilen.

»Habe ich mir doch gedacht, dass du schon wieder total geil bist, du kleine Sau!« Er sieht zufrieden und gleichzeitig lüstern aus. »Und jetzt zeig mir mal, was du so draufhast. Na los, spiel mal ein bisschen mit deiner Fotze!«

Sofort liegt meine Hand zwischen meinen Beinen. Die Finger suchen sich ihren Weg, streichen an dem nassen Spalt entlang, dringen tiefer vor und gewähren so versaute Einblicke. Zufrieden nehme ich die Wirkung meiner Fingerspiele auf meinen Lover zur Kenntnis.

Seine Hand legt sich um seinen dicken Schwengel, schiebt die Vorhaut zurück und präsentiert mir dann seine dunkle Eichel in voller Größe. In meiner Fantasie drückt er mir das dicke Ding bereits in meine Möse und wie von allein verschwinden zwei meiner Finger in meinem nassen Loch. Doch dieses Privileg scheint er für sich zu beanspruchen. »Dreh dich um, mach schon!«, fordert er mich sofort auf, und die Ungeduld in seiner tiefen Stimme ist unüberhörbar. Seine Geilheit heizt mich weiter an und willig mache ich, was er verlangt. Kaum habe ich die perfekte Fickposition auf der Bettkante eingenommen, spüre ich auch schon seine pralle Eichel an meinem offenen Spalt.

Matteo und ich sind ein eingespieltes Team. Er weiß, dass er mir seinen großen Schwanz nicht einfach rücksichtslos reindrücken kann, selbst so ein fickgeiles Luder wie ich braucht zwei bis drei behutsame Stöße, um sich an seine Größe zu gewöhnen. Mehr als dies gönnt er mir allerdings auch nicht.

Seine Hände liegen auf meinen Hüften, und als er richtig zupackt, spüre ich, wie sich seine Zurückhaltung in Luft auflöst.

Es braucht nur wenige grobe Stöße und ich werde laut. Wenn ich von hinten hart gefickt werde, kann ich mich einfach nicht zurückhalten. Und die Art, wie er seinen Riemen in mich treibt, macht mich fast wahnsinnig. Mein Loch verwandelt sich in einen sprudelnden Quell und ich stöhne und keuche im Takt seiner Fickbewegungen. So läuft es immer, sobald er mir sein mächtiges Ding in voller Länge reinschiebt, bin ich willenlos.

Nach einigen wilden, rauschhaften Minuten drosselt er sein Tempo etwas und gibt mir die Chance, aus meiner Ekstase zurückzukehren. Keuchend gönnen wir uns eine kurze Verschnaufpause. Doch kaum hatte sich meine Atmung wieder ein wenig beruhigt, höre ich etwas.

Tocktocktock.

Das Geräusch kommt ganz eindeutig von der Tür und im ersten Moment bin ich zu überrascht, um zu reagieren. Mist, wir haben es in den letzten Minuten ziemlich krachen lassen und *wie* laut wir gewesen sind, kann ich im Nachhinein unmöglich abschätzen. Eigentlich kein Problem, wenn man es in den eigenen vier Wänden treibt, doch wir sind nicht zu Hause.

Mit einer schnellen Bewegung nach vorn entziehe ich mich Matteos Schwanz.

»Was ist los?« Er ist völlig überrascht, dass ich unser Treiben einfach unterbrochen habe, und in seiner Stimme liegt ein vorwurfsvoller Ton.

»Hast du das gerade nicht gehört?«, frage ich ihn.

Tocktocktock.

Da ist es wieder, nur dieses Mal lauter, und jetzt hat auch Matteo es gehört. Doch der bleibt natürlich wie immer cool. »Waren wir etwa zu laut, meine Süße? Die sollen sich mal nicht so anstellen, ich habe doch noch gar nicht richtig angefangen!«

Grinsend tätschelt er meinen Arsch. Doch als das Klopfen noch einmal ertönt, nun ziemlich ungeduldig, macht er doch Anstalten, zur Tür zu gehen.

Schnell komme ich ihm zuvor. »Lass mich das mal machen! Ist vielleicht besser, wenn ich das regele.« Ich schwinge mich aus dem Bett und mit drei schnellen Schritten bin ich an der Tür. Vorsichtig öffne ich sie einen kleinen Spalt breit und luge hinaus.

Chrissie steht vor der Tür, lediglich bekleidet mit einem hauchdünnen, durchsichtigen Negligé. Kleinlaut sehe ich sie an.

»Wie soll ich schlafen, wenn ihr im Nebenzimmer so laut rumbumst, dass die Wände wackeln?«, fragt sie grinsend.

Das ist mir jetzt doch ziemlich peinlich, doch bevor ich irgendeine dumme Antwort hervorstottern kann, spricht sie schon weiter. »Kann ich vielleicht reinkommen? Dominik pennt wie ein Stein und ehrlich gesagt, euer Gestöhne hat mich ziemlich geil gemacht!«

Perplex starre ich durch den Türspalt, doch Chrissie schaut mich so flehentlich von der anderen Seite der Tür an, dass ich kurz entschlossen meine Hand nach ihr ausstrecke und sie einfach ins Zimmer ziehe. Sie wirkt nicht besonders nervös, dafür, dass sie gerade mitten in einen geilen Fick geplatzt ist und von den Protagonisten zwar neugierig, aber gleichzeitig auch leicht schuldbewusst gemustert wird. Doch erst mal bleibt sie mit dem Rücken zur Tür stehen und sieht sich um.

Im gedimmten Licht des Deckenfluters schaut sie von mir zu Matteo, der ziemlich entspannt auf dem Bett kniet und sichtlich Spaß hat, als ihr Blick an seinem mächtigen Prengel hängen bleibt. »Oh!«, sagt sie nur. Mehr nicht.

Irgendjemand muss jetzt den nächsten Schritt machen, so viel ist klar. Und da Chrissie äußerst interessiert und kein bisschen erschrocken aussieht, fasse ich mir ein Herz, gehe auf sie zu, lege meine Arme um ihren Hals und küsse sie auf den Mund. Darauf hatte ich schon den ganzen Abend Lust gehabt, aber nicht im Entferntesten damit gerechnet, dass ich auch die Gelegenheit dazu bekommen würde.

Kaum haben sich unsere Lippen zärtlich berührt, erwidert sie überraschenderweise meinen Kuss. Sie übernimmt sogar die Initiative, schiebt ihre Zunge erst vorsichtig und dann immer verlangender zwischen meine Lippen. Dann startet sie eine leidenschaftliche Knutscherei.

Damit rennt sie bei mir offene Türen ein. Ich bin sowieso sexuell total aufgeladen und jetzt auch noch von einer Frau so begehrt zu werden, macht mich richtig an. Sie presst sich gegen mich und lässt ihre Hände ungehemmt über meinen Körper wandern.

Umgehend sendet meine Pussy eindeutige Signale. Ein kurzer Seitenblick zu Matteo, der uns vom Bett aus beobachtet, und ich weiß, dass es ihm gefällt, was wir hier tun. Seine dicke Latte steht kerzengerade nach oben und sie scheint nur auf eine Gelegenheit zu warten, es den beiden knutschenden Frauen ordentlich zu besorgen.

***

Ein paar erklärende Worte zu Chrissie bin ich euch aber noch schuldig. Ich kenne sie aus meiner Laufgruppe, wir machen schon seit Jahren Sport zusammen. Und vor einigen Wochen hat sie mich dann zum ersten Mal zu ihrem Geburtstag eingeladen. »Dominik und ich wollen mal wieder ein paar neue Kontakte knüpfen«, waren ihre Worte, »und bei dir habe ich den Eindruck, dass du genauso gern feierst wie ich. Deinen Freund kannst du natürlich mitbringen.«

Sie lag goldrichtig mit ihrer Einschätzung, ich liebe es, Party zu machen, und ich habe ihre Einladung gern angenommen. Und tatsächlich, Chrissie und ihr Mann Dominik wissen, wie man eine geile Party feiert, und Matteo und ich hatten einen richtig tollen Abend.

Schon während der Feier habe ich eine ganz andere Seite von Chrissie kennengelernt. Meine Laufkollegin entpuppte sich als wilde Partymaus, die fast ununterbrochen auf der Tanzfläche zu finden war, es sei denn, sie trank gerade einen Aperol Spritz und flirtete dabei mit einem der männlichen Gäste. Aber sie flirtete nicht nur mit Männern. So, wie sie mit einigen Frauen tanzte, schien sie auch keine Hemmungen gegenüber dem weiblichen Geschlecht zu haben. Und da ich auch gern und viel tanze, bin ich schon während der Party das ein oder andere Mal in engeren Körperkontakt mit Chrissie gekommen.

Aber irgendwann geht auch die beste Party dem Ende zu, und nach und nach haben sich die anderen Gäste verabschiedet. Dass wir letztendlich nicht nach Hause gefahren sind, lag an dem Umstand, dass unser Taxi trotz mehrfacher Anrufe einfach nicht erschienen ist. Kurz entschlossen haben Chrissie und Dominik uns in ihrem Gästezimmer einquartiert, und da sind wir nun.

***

Dass ich allerdings schon eine halbe Stunde später mit Chrissie knutschend in diesem Gästezimmer stehen würde, habe ich keinesfalls erwartet. Die Situation gefällt mir zwar ausgesprochen gut, aber ich bin mir trotzdem nicht sicher, ob das hier so alles seine Richtigkeit hat.

»Bist du dir sicher, dass Dominik im Tiefschlaf liegt?«, frage ich deshalb Chrissie. »Nicht, dass er gleich stinksauer hier bei uns im Raum steht und uns eine Riesenszene macht!« Auf Stress habe ich natürlich überhaupt keine Lust.

»Ach was, darüber mach dir mal keine Gedanken. Der schläft tief und fest«, beruhigt Chrissie mich. »Und selbst wenn er hier auftauchen würde, eine Szene würde er bestimmt nicht machen.« Sie zwinkert mir zu. »Ganz im Gegenteil, der wäre sofort mit dabei!«

Und ohne noch weitere Erklärungen abzugeben, entwindet sie sich mir, streift ihr Negligé ab und steigt einfach zu Matteo auf das Bett. Okay, das ist ein Statement, das jeden Zweifel beseitigt.

Amüsiert bemerke ich, dass sie den Blickkontakt zu Matteo nur für einen knappen Moment halten kann, dann werden ihre Augen magisch von seinem immer noch aufgerichteten imposanten Schwanz angezogen. »Darf ich mal?«

Ich muss über ihre zurückhaltend formulierte Frage ein bisschen schmunzeln. Aber woher soll sie auch wissen, wie Matteo drauf ist? Sie hat ihn heute Abend als einen charmanten und höflichen Mann kennengelernt und kann ja nicht ahnen, welch dominante Triebhaftigkeit in ihm steckt.

»Bedien dich, er steht dir voll und ganz zur Verfügung!« Matteo lehnt sich lässig zurück und stützt sich auf dem Bett ab. Jetzt sieht sein Schwanz noch eine Spur eindrucksvoller aus und Chrissie noch ein bisschen beeindruckter. Vorsichtig berühren ihre Finger den harten Riemen, fühlen und tasten sich zuerst nur ganz langsam voran. Als sie sich schließlich komplett um das dicke Rohr schließen, stößt sie einen anerkennenden Seufzer aus.

»Wow, was für ein geiler Schwanz! Ich habe schon einige gesehen, aber dieser hier ist schon ein echtes Prachtexemplar!«

Ich ignoriere Matteos zufriedenes Grinsen, er soll nicht das Gefühl bekommen, hier der alleinige Star zu sein. Er hatte jetzt zwei Frauen zu versorgen, das sollte er mal nicht vergessen!

Chrissie wird jetzt mutiger. Mit einer Hand reibt sie vorsichtig den dicken Schwanz, mit der anderen umschließt sie abschätzend die voluminösen Eier. Zeit für mich, ebenfalls auf das Bett zu steigen.

Sie fängt sofort an zu reden. »Oh Mann, was hast du denn für einen potenten Ficker mitgebracht, ich halte es kaum noch aus vor Geilheit! Sorry, dass ich damit so rausplatze, aber genauso ist es!« Fast entschuldigend sieht sie dabei erst zu mir und dann zu Matteo.

Matteo blieb völlig cool und lässt sich in dem Wissen, dass er gleich zwei Frauen ficken wird, genüsslich weiter die Eier von Chrissie kneten.

Der pralle Schwanz in ihren Händen sieht einfach nur geil aus und aufmunternd nickte ich ihr zu. Sie versteht sofort und im nächsten Moment berühren ihre Lippen seine Eichel. Ein zärtlicher Kuss, ein vorsichtiges Erkunden mit der Zunge, dann schließt sich ihr Mund um das dicke Teil. Genau in dem Moment, als sie anfängt zu saugen, lasse ich meine Finger spielerisch zuerst über ihren Po und dann ganz selbstverständlich weiter zu ihrer Möse wandern.

Darauf scheint Chrissie nur gewartet zu haben, denn sie zuckt kein bisschen zurück, als ich mich weiter vorwage. Ich habe allerdings nicht damit gerechnet, jetzt schon an eine dermaßen nasse Möse zu fassen. Ich kann kaum glauben, dass das hier meine eher zurückhaltende Laufkollegin ist, die ich bereits seit vielen Jahren kenne. Aber stille Wasser sind ja bekanntlich tief, und genau das trifft offensichtlich auch auf Chrissie zu. Und dass sie nicht nur geil auf Männer ist, sondern ebenso auf Frauen, habe ich ja heute auf der Party schon festgestellt.

Doch gerade hat sie nur Augen für Matteo oder besser gesagt für seinen harten Fickprengel, den sie mittlerweile laut stöhnend, so tief es geht, in ihrem gierigen Mund verschwinden lässt.

Plötzlich höre ich ein Geräusch hinter mir und als ich mich erschrocken umdrehte, sehe ich, wie die Tür sich weiteres

Mal öffnet und Dominik im Halbdunkel des Türrahmens auftaucht. Er sieht hellwach aus und starrt höchst interessiert zu dem Bett, auf dem seine Frau gerade meinem Freund den Schwanz lutscht. Für eine kurze Schrecksekunde befürchte ich, dass er sauer ist, doch als er langsam näherkommt, sehe ich, dass er nackt ist. Und im Licht des Deckenfluters sehe ich außerdem nicht nur ein erfreutes Lächeln in seinem Gesicht, sondern auch sehr deutlich seinen abstehenden Schwanz. Er hat also doch mitbekommen, wohin seine Frau verschwunden ist, und es scheint ihn nicht im Geringsten zu stören.

Dass er so eine sportliche Figur hat, ist mir vorhin auf der Party gar nicht aufgefallen, doch jetzt sehe ich, dass er muskulös und durchtrainiert ist. Er wirkt extrem fit auf mich, von irgendwelcher Müdigkeit ist keine Spur zu sehen, ganz im Gegenteil. Diese geile Sau will mitmischen, das ist mehr als eindeutig und mir kommt das gerade recht.

Jetzt haben auch Chrissie und Matteo mitbekommen, wer da gerade hereingekommen ist. Matteo sieht kurz etwas irritiert aus, doch Chrissie lächelt ihren Mann erfreut an. Und als er ihr dann aufmunternd zunickt, macht sie sofort da weiter, wo sie gerade aufgehört hat. Ganz ohne Zweifel befinden die beiden sich nicht das erste Mal in so einer Situation, und ihre souveräne Art, damit umzugehen, wirkt sofort ansteckend.

Okay, die Gelegenheit möchte ich mir jetzt nicht entgehen lassen. Lächelnd verlasse ich das Bett, gehe zu Dominik und greife zielstrebig an sein ausgefahrenes Rohr. Wow, das Ding fühlt sich schon extrem hart an und genau darauf stehe ich bei Männern. Kein langes Vorgeplänkel und trotzdem eine richtige Latte. Augenblicklich spielen Matteo und Chrissie keine Rolle mehr für mich, jetzt habe ich mein eigenes, geiles Spielzeug. Und auch Dominik macht keine Anstalten, zu seiner Frau zu gehen, sondern starrt unverhohlen geil auf meine Titten. Wie die meisten Männer findet er meine langen, dunklen Nippel wohl ziemlich faszinierend und kann seinen Blick kaum abwenden.

Ich biege mich ein wenig nach hinten und strecke ihm die Objekte seiner Begierde entgegen. Sofort beugt er sich vor und seine Lippen umschließen die harten Knospen. Meine reibende Hand um sein Rohr, seine saugenden Lippen an meinen Nippeln – das allein fühlt sich schon megageil an. Als er mir dann auch noch zwei Finger in die Möse schiebt, revanchiere ich mich natürlich umgehend mit härterem Wichsen. Er hat Zauberfinger, findet zielsicher die richtige Stelle und fingert mich innerhalb von wenigen Augenblicken klatschnass.

Es macht mich unglaublich an, so geil gefingert zu werden und dabei auch noch einen harten Fickschwanz in der Hand zu haben. Ich habe Lust auf der Stelle zu ficken und als Dominik sich immer enger an mich drückt, lasse ich seinen Schwanz los, um die harte Latte an meinem Körper zu spüren. Als sich die ersten kleinen Spermatropfen auf seiner Eichel zeigen, reibe ich mit meinem Daumen darüber und führe ihn dann genüsslich zwischen meine Lippen. Dominik sieht sich genau an, wie ich sein Sperma ablecke und ich sehe, dass es ihn genauso anmacht wie mich. Ihn zu schmecken, macht mich noch heißer, und ich spüre, wie es zwischen meinen Oberschenkeln richtig nass wird. Ich stöhne genießerisch, lutsche noch ein bisschen an meiner Daumenspitze und greife dann wieder an sein abstehendes Rohr. Angespornt von dem animalischen Geschmack seines Spermas dränge ich mich ihm entgegen und unsere Lippen berühren sich.

Er küsst, wie er schmeckt – wild und leidenschaftlich, und obwohl ich jetzt wirklich fickgeil bin, nehme ich mir vor, nicht gleich in die Vollen zu gehen. Ich löse meine Lippen von seinen und bewege mich langsam abwärts. Ich küsse mich an seinem Hals und seiner breiten Brust hinab, und als ich seinen Bauchnabel erreiche, stößt sein harter, aufragender Riemen von unten gegen mein Kinn. Es fühlt sich an wie eine Aufforderung zum Blasen.

Doch erst mal sehe ich ihn mir an, schließlich habe ich ihn gerade direkt vor Augen. Ein ausgesprochen schöner Schwanz, gerade und mit einer ausgeprägt dicken Eichel, die sich dunkel vom Rest abhebt. Sein männlich-herber Duft dringt ganz leicht in meine Nase und er macht mich richtig wild. Ja, ich habe große Lust, diesen Schwanz zu lutschen, will wissen, wie er sich in meinem Mund anfühlt und ob er dort vielleicht sogar noch ein bisschen größer werden kann. Gierig greife ich nach ihm, ziehe ihn zu mir und nehme ihn in den Mund. Er fühlte sich gut an zwischen meiner Zunge und meinem Gaumen.

Forschend fahre ich mit der Zunge an der harten Kante der Eichel entlang und fange dann an, ganz leicht zu saugen. Ein leises Stöhnen von oben gibt mir die Bestätigung, die ich brauche. Ihm gefällt, was ich mache, also sauge ich kräftiger. Und als sein Stöhnen daraufhin lauter wird, habe ich für einen kurzen Moment das Gefühl, ihn vollkommen unter Kontrolle zu haben.

Doch dann legt sich unvermittelt eine Hand um meinen Hinterkopf und plötzlich bin nicht mehr ich es, die das weitere Geschehen bestimmt, sondern er. Resolut und ohne Zögern dringt sein Schwanz tief in meinen Mund ein und seine Hand an meinem Kopf erlaubt kein Zurückweichen. Ich erkenne diese Art sofort. Dominik ist genauso triebhaft und dominant wie Matteo, also genau der Typ Mann, auf den ich stehe. Bewegungsunfähig harre ich unter seinem Griff aus, während er mir seinen Riemen noch ein bisschen tiefer reindrückt.

Dann fängt er an, mich in den Mund zu ficken. Mit jedem seiner Stöße wird mein geiles Stöhnen lauter und das drängende

Pochen in meiner Klit heftiger. Irgendwann läuft mir der Speichel aus dem Mund und ich kann nur noch keuchen. Gerade als ich ihm ein Zeichen geben will, zieht er seinen Schwanz zurück und mich zu sich nach oben. Bevor ich irgendetwas sagen kann, hat er mir schon wieder zwei Finger in die Möse gesteckt. Was er fühlt, entlockt ihm sofort ein Grinsen. »Dachte ich es mir doch. Du bist auch so eine, die es auf die harte Tour braucht. Ich denke, da bist du bei mir genau richtig!«

Ich widerspreche ihm nicht, schließlich hat er genau ins Schwarze getroffen. Deshalb leiste ich auch keinen Widerstand, als er mich ohne Umschweife einfach umdreht und zum Bett dirigiert, wo Chrissie und Matteo gerade angefangen haben, zu vögeln.

»Na sieh sich mal einer meine Ehefrau an! Lässt sich von deinem Freund richtig durchficken und sie scheint gar nicht genug von seinem Schwanz bekommen zu können!« Er flüstert mir die Worte ins Ohr, während er mir sein knallhartes Rohr kräftig gegen den Arsch drückt und mir damit zeigt, wie heiß er selbst ist. Kein Wunder, der Anblick von Matteos riesigem Prengel, der immer wieder in Chrissies Möse stößt, hat etwas pornomäßig Aufgeilendes an sich, dem auch ich mich nicht entziehen kann. So etwas zu sehen, macht einfach Lust auf versauten Sex, und da wir vier uns ja offensichtlich einig sind, habe ich nicht vor, zu verzichten.

Plötzlich hat Dominik es ziemlich eilig. Mit einem festen Griff packt er meine Haare und fasst mir ungestüm an den Arsch. *Endlich geht es los*, denke ich noch, dann schiebt er mir ohne Vorwarnung seinen von meinem Mösensaft nassen Mittelfinger in den Anus. Ich keuche vor Überraschung laut auf, doch er lässt keineswegs nach, sondern dringt tiefer in meinen Arsch ein. Dabei schiebt er mich nachdrücklich auf das Bett zu.

Glücklicherweise haben die anderen beiden genug Platz für uns gelassen und er zwingt mich bäuchlings auf die freie Stelle.

Ich will ihn ansehen, will die Gier in seinen Augen sehen, und versuche meinen Kopf zu wenden, doch sein Griff bleibt hart. Er will mich in den Arsch ficken, denn er hat sofort kapiert, dass Matteo mit seinem riesigen Schwanz wenig Chancen auf einen Arschfick hat. Damit liegt er richtig, es kommt bei uns nur äußerst selten und eher halbherzig vor, und deshalb macht mich die Aussicht darauf gerade unglaublich geil.

Er presst seinen harten Riemen gegen mich, während er mich mit zwei Fingern weiter dehnt. Ich hebe mein Becken an, strecke ihm meinen Arsch entgegen und biete mich ihm an. Doch erst mal geht er hinter mir in die Hocke und zieht meine Arschbacken auseinander. Ich spüre seine Zunge an meinem Anus, er leckt mich wild und ungestüm und ist völlig hemmungslos dabei. Es fühlt sich geil und versaut an und der Gedanke, gleich von ihm so richtig in den Arsch gefickt zu werden, lässt mich laut aufstöhnen.

Als er wieder aufsteht, krallen sich seine Finger sofort wieder in meine Haare und er drückt meinen Kopf nach unten. »Was soll ich mit meinem süßen Gast machen? Na los, sag es mir!« Seine Stimme klingt erwartungsvoll und als ich nicht antworte, wird sein Ton rauer. Ein schneller Schlag mit der flachen Hand landet auf meinem Arsch und ich stoße einen spitzen Schrei aus.

»Muss ich ein zweites Mal fragen?«

»Fick mich, besorg es mir!« Die Worte kommen sofort, doch als Antwort knallen zwei weitere Schläge auf meine Arschbacken, diesmal eine Nummer härter, sodass ich laut aufstöhne.

»Etwas genauer bitte, Süße!« Sein Griff in meine Haare wird strenger und mit devoter Stimme verrate ich ihm, was ich möchte. »Steck mir deinen geilen Schwanz in den Arsch und fick mich richtig durch. Bitte!«

Umgehend drückt er meinen Kopf tiefer in das Kissen und ich spüre, wie er seinen Riemen ansetzt. Entschieden drückt er mir seine dicke Eichel in den Arsch und schiebt seinen Schwanz unerbittlich nach. Es fühlt sich berauschend an und ich konzentriere mich ganz auf das Gefühl seines Eindringens. Ich atme nur noch ganz langsam und versuche, locker zu bleiben, um ihn auch richtig genießen zu können. Je tiefer er eindringt, desto intensiver wird das Gefühl, ihm ausgeliefert zu sein. Ich habe ihm die Kontrolle komplett überlassen. Es fühlt sich befreiend an, und mein immer heftiger werdendes Stöhnen ist für ihn der Hinweis, wie geil ich den Arschfick finde. Das heizt ihn natürlich an, seine Stöße werden schneller und härter und je lauter ich stöhne, umso mehr tobt er sich aus.

Doch ganz plötzlich hört er auf zu ficken und überrascht wende ich den Kopf nach hinten. Ich sehe sofort, was los ist. Er ist kurz vorm Spritzen und angestrengt versucht er, sein Sperma zurückzuhalten. Sofort bewege ich mich auch nicht mehr und nach ein paar Sekunden lässt seine Anspannung nach und er atmet hörbar aus. »Das war verdammt knapp!«, stellt er fest. »Er wäre doch zu schade, wenn unser schöner Arschfick so schnell vorbei gewesen wäre, oder?«

»Allerdings!«, bestätige ich. »Komm, lass uns doch den anderen beiden einfach ein bisschen zuschauen und dann machen wir weiter!«

Offensichtlich findet er die Idee gut, denn er legt sich auf das Bett und zieht mich mit. Er liegt jetzt hinter mir, ich fühle seinen harten Schwanz in meinem Rücken, und als seine Hand sich von hinten zwischen meine Beine schiebt, gehen die wie von selbst auseinander. Er reibt ganz sanft über meine Klit, während wir Chrissie und Matteo beim Vögeln zusehen.

Sie liegt auf dem Rücken, ihre Beine auf seinen Schultern, und sie erweist sich als verdammt gelenkig dabei. Matteo hat sich tief über sie gebeugt und schiebt seinen Prengel immer wieder in voller Länge in ihre Möse. Es ist kein heftiges Zustoßen wie bei Dominik und mir gerade, er macht es ganz langsam.

Es sieht geil und versaut aus und Chrissie stöhnt genießerisch unter ihm. Aus eigener Erfahrung weiß ich, dass es gar nicht so einfach ist, so einen Big Cock aufzunehmen, doch für Chrissie scheint es kein Problem zu sein. Ich kann mir die Riesendildos, die sie sich vermutlich sonst reinschiebt, gerade sehr lebhaft vorstellen.

Ich spüre die Nässe zwischen meinen Beinen. Dominik reibt meine Klit jetzt intensiv und fordernd, sein harter Schwanz schiebt sich wieder zwischen meine Arschbacken, aber er dringt nicht in mich ein. Gleichzeitig dabei zuzusehen, wie mein Mann es Chrissie besorgt, gibt mir den Rest. Völlig überraschend fängt meine Möse an zu zucken und bevor ich Dominiks Hand wegschieben kann, überrollt mich ein heftiger Orgasmus. Da ist nichts mehr zu stoppen, stöhnend presse ich mich gegen die reibenden Finger und Dominik treibt mich noch an. »Das gefällt dir, du kleine Sau. Einen schönen Schwanz zwischen den Arschbacken und zugucken, wie dein Mann auf einer anderen liegt, stimmts?«

Ich nicke stöhnend und mit einer schnellen Bewegung kniet er wieder auf dem Bett und zieht meinen Hintern nach oben. Ohne Verzögerung schiebt er mir seinen Riemen wieder in den Arsch und macht genau da weiter, wo er vorhin aufgehört hat.

Sein Fickschwanz ist dick geschwollen und er schiebt ihn hart und unnachgiebig in mich rein. Der Anblick von Matteos Riemen in der Möse seiner Frau hat ihn genauso heiß gemacht wie mich. Von den beiden anderen bekomme ich jetzt allerdings nichts mehr mit, so sehr beansprucht Dominik mich.

Natürlich hält er das nicht lange durch. Nach wenigen Stößen fühle ich, wie sein Schwanz anfängt zu zucken. Er krallt seine Finger in meine Hüften, während er sein heißes Sperma in meinem Arsch pumpt, und es interessiert ihn nicht, ob mir das wehtut. Ich finde es einfach nur geil, und als seine Finger sich irgendwann wieder aus meinem Fleisch lösen, sinken wir beide erschöpft auf das Bett.

Ich liege mit geschlossenen Augen da und habe irgendwie mein Zeitgefühl verloren. Als ich die Augen schließlich wieder öffne, blicke ich direkt in das verschwitzte, glückliche Gesicht von Chrissie. Matteo liegt hinter ihr, so wie Dominik hinter mir.

»Wahnsinn, das war ja unglaublich!«, flüstert sie. »Matteo ist genauso geil und unersättlich wie Dominik. Ich bin ja so happy, dass ich euch gehört habe und dass ich dann auch noch bei euch angeklopft habe. Es war supergeil mit euch beiden!«

Als Antwort küsse ich sie ganz zärtlich auf den Mund. »Danke für den tollen Abend!«, sage ich dann. »Ich hätte nie erwartet, dass diese Party so zu Ende geht!«

Dann greift Chrissie über mich und legt ihre Hand auf Dominiks Schulter. »Komm, Schatz, es ist halb sieben. Ich glaube unsere Gäste wollen schlafen und ehrlich gesagt, ich bin jetzt auch ein bisschen müde.«

Lachend stehen die beiden auf. Hand in Hand verlassen sie den Raum und schließen die Tür hinter sich.

VIER HEISSE VERSAUTE KRANKENSCHWESTERN

Seit ein paar Jahren wohne ich in Köln und das, was ich am meisten an dieser Stadt liebe, ist der Karneval. Nirgendwo sonst kann man das total positive Lebensgefühl der Kölner besser miterleben als bei den unzähligen Veranstaltungen, den verschiedenen Umzügen und natürlich im Kneipenkarneval. Die ganze Stadt befindet sich für ein paar Tage im Ausnahmezustand und es macht unglaublich viel Spaß, dabei zu sein. Meistens ziehe ich mit meinem Kumpel Nico um die Häuser und so hatten wir es auch für dieses Jahr wieder geplant.

Doch als wir vor ein paar Tagen mit einem leckeren Kölsch in der Hand in einer der zahlreichen Altstadtkneipen saßen, eröffneten sich plötzlich ganz neue Perspektiven für mich. Ich konnte bereits an Nicos zweideutigem Grinsen erkennen, dass er mir irgendetwas Neues und augenscheinlich sehr Interessantes erzählen wollte.

»Was grinst du denn so blöd?«, machte ich ihn erst mal kumpelhaft an, und darauf schien er nur gewartet zu haben.

Er beugte sich leicht zu mir über den Tisch, so als ob er mir ein Geheimnis anvertrauen wollte. »Ich glaube, dieses Jahr könnten wir eine Menge Spaß beim Karneval haben«, eröffnete er mir, »ich habe da was aufgetan.«

Das klang ja schon mal gut, der Informationsgehalt dieser Aussage war allerdings etwas dürftig.

»Ja, und? Willst du mir vielleicht auch verraten, was es ist?«, fragte ich deshalb ungeduldig.

Er kam noch etwas näher. »Also, ein Arbeitskollege hat mir gesteckt, wo sich jedes Jahr in Köln die Swingerszene zum Karneval feiern trifft.«

»Die Swingerszene?« Ich schaute meinen Kumpel leicht verwirrt an. »Und was haben wir damit zu tun?«

»Bisher natürlich gar nichts«, gab Nico zurück, »aber so wie mein Kollege das erzählt hat, feiert die Szene in einem der großen Brauhäuser, zu denen jeder Zutritt hat. Das ist nämlich gar keine offizielle Swingerveranstaltung, sondern einfach nur ein bekannter Treffpunkt für die Szene. Und das heißt, jeder der möchte, kann im Brauhaus feiern. Man muss dafür kein Swinger sein oder irgendetwas mit der Szene zu tun haben.« Nico sah mich mit vielsagendem Blick an.

Jetzt wurde es langsam interessant. »Und?«, fragte ich.

Mein Kumpel grinste. »So, wie ich gehört habe, taucht die Szene da schon so früh mit so vielen Leuten auf, dass letztlich so gut wie nur die Swinger da feiern. Und das soll jedes Mal eine Megaparty sein!«

Langsam dämmerte es mir. »Und du meinst, wir müssen einfach nur früh genug das sein, dann sind wir mittendrin statt nur dabei?«

Nicos Grinsen wurde immer breiter. »Du hast es erfasst, du Fuchs!«

Jetzt konnte ich mir das Grinsen auch nicht mehr verkneifen. Anerkennend versetzte ich meinem Kumpel einen Schlag auf die Schulter. »Respekt, auf dich ist doch wirklich Verlass! Das lassen wir uns natürlich nicht entgehen!«

»Natürlich nicht!«, kam es zurück, und dann prosteten wir uns zu. Mit dem Klirren der Gläser war der Plan besiegelt.

***

Tulpensonntag – heute ist es so weit. Ich bin noch etwas mitgenommen vom gestrigen Abend in der Altstadt, aber das tut meiner Motivation keinen Abbruch. Meine Klamotten für den heutigen Tag liegen bereit und als ich in den rot-schwarz gemusterten schottischen Kilt steige, das passende schwarze Hemd und die Schärpe anlege und zuletzt die Wollsocken und die dicken Lederboots anziehe, überkommt mich doch tatsächlich ein bisschen Nervosität. Ich vermute, dass es an meinem Entschluss liegt, möglichst authentisch zu wirken. In diesem Fall heißt das, dass ich unter dem Kilt nackt bin. Irgendwo habe ich mal gehört, dass die Schotten das so machen, und ich hoffe, dass das nicht nur ein Gerücht ist.

Nachdem ich fertig angezogen bin, stelle mich vor den Spiegel und betrachte mich. *Nicht schlecht*, stelle ich fest. Meine dunklen, immer etwas strubbeligen Haare geben mir ein verwegenes Aussehen, und aus Erfahrung weiß ich, dass das vielen Frauen gefällt. Auch meine breiten Schultern passen gut zu dem Schotten-Outfit und unerwarteterweise finde ich auch den Rock ganz gut an mir. Probehalber bewege ich mal mein Becken ein bisschen hin und her, und tatsächlich kann ich die schwingende Bewegung meines Schwanzes unter dem karierten Stoff sehen. Allerdings sorgt die sanfte Reibung dafür, dass ich innerhalb von ein paar Sekunden mit einem Halbsteifen dastehe. Schnell lasse ich das Rumgeschwinge, ich kann ja schlecht mit einer Latte vor die Tür gehen.

»Auf in die Schlacht, das Schwert ist bereit!«, sage ich grinsend zu meinem Spiegelbild, und dann verlasse ich gut gelaunt meine Wohnung.

Nico wartet bereits wie verabredet am Heumarkt auf mich.

»Verdammt, Junge, du siehst ja aus wie Tom Cruise in Top Gun!«, begrüße ich ihn begeistert und wir klatschen uns ab. Er sieht tatsächlich verdammt lässig aus in seiner dunkelgrünen Kampfpilotenuniform und mit seinen zurückgekämmten dunkelblonden Haaren und der coolen Sonnenbrille dazu.

»Mit den Outfits kann ja wohl nichts schiefgehen«, prophezeie ich noch und dann machen wir uns auf den Weg zum Brauhaus.

Obwohl es erst Mittag ist, hat sich am Eingang schon eine kleine Schlange gebildet. Wir reihen uns ein, setzen ein freundliches Lächeln auf und der Türsteher winkt uns anstandslos durch. Das Brauhaus ist schon gut gefüllt, aus den Boxen ertönt ein kölscher Karnevalsschlager und man sieht auf den ersten Blick, dass bereits eine ausgelassene Partystimmung herrscht. So gut wie niemand sitzt, die meisten stehen in Gruppen zusammen oder tanzen und schunkeln zur Musik.

Wir holen uns erst mal ein Kölsch und suchen uns einen Platz, von dem aus wir eine gute Übersicht haben. Auf den ersten Blick sieht alles ganz normal aus, fröhliche Leute, die Karneval feiern und Spaß haben. Doch schon nach kurzer Zeit fällt mir auf, dass das Publikum hier doch etwas anders ist, als ich es sonst aus den kölschen Kneipen kenne. Ich habe noch nie so viele Frauen in sexy Karnevalskostümen gesehen wie hier. Polizistinnen mit weit aufgeknöpfter Uniform und ausgerüstet mit Handschellen, Matrosinnen mit extrem engen Oberteilen und knallrot geschminkten Lippen, Formel-1-Pilotinnen in hautengen Rennanzügen und Teufelchen in so kurzen Kleidern, dass die Pobacken immer wieder hervorblitzen. Die dazugehörigen Männer haben sich zwar auch Mühe bei ihrer Kostümierung gegeben, aber mit der geballten Sexyness ihrer Frauen können sie nicht mithalten. Viele scheinen sich zu kennen, überall werden Küsschen ausgetauscht und oft ist gar nicht zu erkennen, wer eigentlich zu wem gehört, da Küssen, Umarmen und enger Körperkontakt hier offensichtlich zum guten Ton gehören.

Ich werfe einen Blick auf Nico. Mit fasziniertem Blick starrt er in die Menge. »Wie geil ist das denn?«, murmelt er, und dann dreht er sich zu mir. »Ich glaube, wir sollten erst mal ein paar Kölsch trinken, um mal ein bisschen lockerer im Schritt zu werden, oder was meinst du?«

Da kann ich ihm nur zustimmen. In meinem jetzigen, fast nüchternen Zustand kann ich mir gerade nicht vorstellen, dass ich einfach in die Menge gehen und genauso unbefangen rummachen könnte wie die augenscheinlich in dieser Sache ziemlich ungehemmten anderen Gäste. Zumal ja auch ungeklärt ist, ob das überhaupt erwünscht ist.

Nach drei weiteren Kölsch sieht die Welt schon anders aus. Nicht nur, dass ich mich angenehm beschwingt fühle, in der letzten halben Stunde sind auch ein paar Sachen passiert, die mich darin bestärkt haben, dass unsere Anwesenheit hier durchaus erwünscht ist. Mindestens dreimal habe ich eine Hand auf meinem Arsch gespürt, die da so ganz nebenbei im Vorbeigehen draufgelegt wurde. Und als ich mich umgedreht habe, gab es mindestens einen verführerischen Blick für mich und einmal sogar mehr. Eine sexy Lady im Piratenkostüm ist stehen geblieben, hat einen Arm um meinen Nacken gelegt und mich geküsst. Ich habe den Kuss erwidert, klar, und dann hat sie ein Bein um mich geschlungen und sich an mich gepresst. Innerhalb von Sekunden stand meine Latte, und als sie sich wieder von mir gelöst hat, stand ich mit einem etwas albern abstehenden Schottenrock da. »Hallo, was ist das denn?«, war ihr Kommentar. Und dann hat sie sich noch einmal an mich gedrückt und in mein Ohr geflüstert: »Sehen wir uns später noch?«

»Ja, äh, klar«, brachte ich nur stotternd heraus, und schon war sie wieder verschwunden.

Ich habe es zwar nicht so genau mitbekommen, aber an Nicos Grinsen sehe ich, dass er wohl gerade ein paar ähnliche Erlebnisse hatte. Er boxt mir gegen die Schulter. »Ich glaube, es ist an der Zeit, dass wir uns mal ins Getümmel stürzen, Kumpel!«

Ich sehe mich um. Im Brauhaus ist es jetzt richtig voll und die Feier ist eindeutig noch ein bisschen wilder geworden.

»Sehr guter Plan«, erwidere ich, und nachdem wir uns ein frisches Kölsch besorgt haben, machen wir uns auf den Weg durch die Menge.

Inzwischen herrscht dichtes Gedränge und wir kommen nur langsam vorwärts. Immer wieder werden wir aufgehalten, mal eben untergehakt und zum Schunkeln aufgefordert und dann mit einem Küsschen belohnt. Nicht nur die Frauen sind total nett und aufgeschlossen, auch die Männer grinsen freundlich und stoßen mit uns an. Ich habe so ein bisschen den Eindruck, dass wir hier nicht als Konkurrenz, sondern als willkommene Zugabe angesehen werden. Das sorgt natürlich dafür, dass wir langsam mutiger werden.

Ich sehe wie Nico einer schwarzhaarigen Schönheit im Formel-1-Kostüm zuzwinkert und sofort zwinkert sie zurück und zieht den Reißverschluss ihres hautengen Rennanzugs noch ein ganz kleines Stückchen weiter nach unten. Ich rechne jeden Moment damit, dass ihre Brüste herausfallen, und stiere gespannt in ihre Richtung, aber dann zieht sie den Reißverschluss wieder hoch und dreht sich lachend weg.

Wir haben unsere erste Runde fast beendet, als sich uns plötzlich eine äußerst attraktive, blonde Krankenschwester in den Weg stellt. »Hallo, ihr zwei Hübschen! Wo wollt ihr denn hin?«, fragt sie mit Unschuldsmiene, und sofort bleiben wir wie angewurzelt stehen.

»Äh, nirgendwohin«, antworte ich wenig einfallsreich und schnell springt Nico ein, um die Situation zu retten. »Eigentlich wollten wir genau hier bei dir stehen bleiben«, sagt er und setzt ein charmantes Grinsen auf.

»Na, das trifft sich ja hervorragend!«, strahlt uns die Krankenschwester an, deren gut sichtbares Namensschild sie als Schwester Jana ausweist. Sie dreht sie sich um und winkt hinter sich. »Hey, Mädels, ich habe hier gerade ein paar nette Jungs getroffen. Kommt doch mal her!«

Wir trauen unseren Augen kaum, aber ein paar Sekunden später stehen vier Krankenschwestern in äußerst kurzen, weißen Kleidchen und dazu passenden weißen Stiefeln vor uns. Alle tragen eine neckische kleine Haube mit einem roten Kreuz darauf und sind mit irgendwelchen ärztlichen Instrumenten ausgerüstet. Ich weiß nicht genau, ob der Alkohol schon eine Rolle spielt, aber ich könnte schwören, dass ich noch nie vier so attraktive Krankenschwestern gesehen habe. Alle tragen

Namensschilder, was die Sache für uns einfacher macht, und begeistert starre ich auf Schwester Jana, Schwester Rieke, Schwester Mia und Schwester Caro. Alle vier sehen super aus in ihren Kostümen.

Auch Nico ist hin und weg, das kann ich ihm ansehen. »Oh Mann, bei euch wäre ich gern mal Patient«, seufzt er und alle müssen lachen.

Die Stimmung in unserer Runde ist sofort gut und der Flirtfaktor hoch. Schnell werden die ersten Küsschen verteilt und die Mädels zeigen ein unverhohlenes Interesse an uns. Wir haben richtig Spaß, quatschen und lachen, reihen uns auch mal in eine Polonaise ein und flirten, was das Zeug hält. Natürlich kommt irgendwann die Frage auf, was denn die Schotten wohl unter ihrem Rock tragen, und sowohl das Kölsch als auch die im ganzen Brauhaus herrschende lockere Atmosphäre sorgen dafür, dass ich ziemlich hemmungslos bin. Unter dem lauten Gekreische und Gelächter der Mädels lüfte ich meinen Kilt und zeige meinen vor lauter Geilheit schon leicht angedickten Schwanz. Sogar den lockeren Hüftschwung führe ich einmal vor, bevor ich den Kilt wieder fallen lasse.

Schnell stellt sich heraus, dass das eine ziemlich gute Idee von mir war, denn jetzt sind die anderen in Zugzwang. »Und was habt ihr so zu bieten?«, frage ich in die Runde, und schon geht es los.

Nico fängt an, er öffnet seinen Fliegeranzug und präsentiert den Mädels seine tätowierte, durchtrainierte Brust. Er lässt die Muskeln ein bisschen spielen, was bei den Mädels ziemlich gut ankommt, dann zieht er den Reißverschluss wieder hoch. Danach zeigt uns die so unschuldig aussehende Mia ihr Zungenpiercing und demonstriert auch gleich, wie sich das beim Küssen so anfühlt. Sie gibt sowohl Nico als auch mir einen richtig geilen Zungenkuss, und ich bekomme eine Ahnung davon, wie sich so ein Piercing wohl beim Blasen einsetzen lässt.

Doch bevor ich mir weitergehende Gedanken darüber machen kann, drehen sich die dunkelhaarige Rieke und die blonde Jana in einer perfekten Choreografie zusammen um, ziehen ihre Röckchen hoch und präsentieren uns zwei äußerst wohlgeformte, runde Ärsche, die nur sehr unwesentlich von kleinen Ministrings bedeckt werden. Als sie uns auffordern, ruhig mal zuzugreifen, lassen wir uns das natürlich nicht zweimal sagen. Weiche Haut, pralle Hintern, es fühlt sich fantastisch an.

Jetzt ist nur noch Caro übrig. Dass sie ziemlich große Brüste hat, ist mir natürlich schon aufgefallen, und das hat nicht ganz unwesentlich dazu beigetragen, dass sich unter meinem Kilt ständig eine dicke Beule gebildet hat. Langsam öffnet sie die obersten Knöpfe ihrer Schwesterntracht. »Kommt ruhig mal näher!«, fordert sie uns auf, und als wir direkt vor ihr stehen, schiebt sie ihr Kleid über die Schultern nach unten und präsentiert uns ihre nackten, dicken Titten. Sie lässt sie einmal hin und her wackeln, es sieht richtig geil aus, doch dann packt sie sie wieder ein. »Sorry, Jungs«, sagt sie bedauernd, »aber mehr ist hier leider nicht drin, sonst gibts Ärger mit dem Wirt.«

Bei der geilen Atmosphäre hier hatte ich schon fast wieder vergessen, dass wir uns immer noch in einem öffentlich zugänglichen Brauhaus befinden. Trotzdem hat die ganze Aktion dafür gesorgt, uns richtig anzuheizen, und als ich einen Blick nach unten werfe, sehe ich bestätigt, was ich schon befürchtet hatte: Mein Kilt steht mal wieder ein gutes Stück nach vorn ab. Schnell drücke ich die Beule mit einer Hand nach unten, aber den Mädels ist sie natürlich nicht entgangen.

Wie auf ein verabredetes Zeichen hin stecken sie die Köpfe zusammen und fangen an zu tuscheln.

»So, wir gehen jetzt rauchen!«, verkündet Caro dann.

»Ihr raucht?« Nico guckt genauso überrascht wie ich in die Runde, denn keines der Mädels hat nach Zigarette geschmeckt.

»Ab und zu mal, wenn wir gerade Lust darauf haben«, kommt es etwas rätselhaft von Jana zurück und dann greifen die vier nach unseren Händen und ziehen uns einfach mit. Wir gehen die Treppe hinauf in das obere Stockwerk des Brauhauses und als wir oben sind, kann ich schon den Ausgang zu einer großen Terrasse sehen. Auf der Terrasse ist ein weißes Partyzelt aufgebaut und über dem Eingang steht »Raucherzelt«.

Zielstrebig geht es in das gut gefüllte Zelt. Wir sind kaum eingetreten, da geht schon ein großes Hallo los. Man hat den Eindruck, dass unsere Krankenschwestern hier fast jeden kennen und alle ganz erfreut sind, sie zu treffen. Es gibt Küsschen und Umarmungen und wir werden in großer Runde vorgestellt.

Dann wendet Julia sich an eins der Paare. »Wir würden gern ein bisschen in Ruhe rauchen. Meint ihr, das geht?«

»Ja, klar«, antwortet ihr der Mann, ein gut aussehender Polizist. »Kein Problem!« Dann geht er los, spricht mit ein paar Leuten, und ehe wir uns versehen, werden wir zusammen mit unseren Krankenschwestern in eine Ecke des Zelts bugsiert. Innerhalb von einer Minute hat sich vor uns eine blickdichte Wand aus Feiernden gebildet. Alle haben uns den Rücken zugedreht, unterhalten sich, lachen und trinken Kölsch, so als gäbe es die Ecke hinter ihnen gar nicht.

Nico und ich stehen etwas verdattert vor den vier Mädels, aber als erst Caro von vorn und dann Jana sich von hinten an mich drücken und ich aus dem Augenwinkel sehe, wie Mia und Rieke das Gleiche mit Nico machen, dämmert mir langsam, was die Mädels mit »rauchen« gemeint haben.

Vier Hände fahren an meinem Körper entlang, geschickte Finger knöpfen mein Hemd auf, ziehen es von den Schultern und lassen es zusammen mit der Schärpe achtlos auf den Boden fallen. Ich schließe die Augen, die beiden Körper bewegen sich um mich herum, und dann spüre ich einen warmen Mund, der sanft an meinem Nippel saugt. Gleichzeitig gleitet eine Hand unter den Kilt und umfasst meinen Schwanz, der jetzt nicht mehr nur halbsteif, sondern richtig hart nach oben steht. Ich weiß nicht, zu wem der Mund oder die Hand gehören, es ist mir auch vollkommen egal. Ich bleibe einfach mit geschlossenen Augen stehen und genieße das geile Gefühl, angefasst zu werden.

Dann öffne ich die Augen wieder. Jana und Caro stehen jetzt beide vor mir, abwechselnd drücken sie mir ihre Lippen auf den Mund und küssen mich. Ich ziehe sie nah zu mir, schiebe meine Hände unter ihre kurzen Röcke und greife in das feste Fleisch ihrer straffen Arschbacken. Doch es dauert nicht lange und sie lösen sich von mir und schieben mich rückwärts ein Stück nach hinten zu einer Bank. Kurz registriere ich, dass Nico bereits auf der Bank sitzt. Mia und Rieke knien vor ihm und ich kann nur ihre sich auf und ab bewegenden Hinterköpfe mit den Schwesternhäubchen sehen.

Wahnsinn, was sind das für paradiesische Zustände hier, denke ich noch, dann werde ich selbst auf die Bank gedrückt. Caro und Jana knien sich vor mich und mein Kilt wird nach oben geschoben. Caro umfasst meinen Schwanz und hält ihn Jana hin. Lächelnd beugt sie sich vor und fährt mit ihrer Zunge einmal über die Eichel. Das allein sieht schon so geil aus, dass ich laut aufstöhnen muss. Lächelnd nimmt Jana meine Reaktion zur Kenntnis, dann beugt sie sich wieder über meinen Schwanz. Ihre Zunge ist jetzt überall, sie umrundet die Eichel, leckt über die Spitze, umspielt die harte Kante und fährt danach ein Stück den Schaft hinab. Schließlich verschwindet mein inzwischen knallharter Prengel ganz in ihrem Mund und sie beginnt zu saugen.

Ich spüre, wie sich eine Hand um meine Eier legt, und ich habe keine Ahnung, ob sie von Jana oder von Caro kommt, aber es ist mir auch vollkommen egal. Zärtliche Finger massieren meine Eier, während mein Schwanz immer wieder in diesen warmen weichen Mund gesaugt wird. Ich spüre, wie meine Latte dicker wird und mein Sperma langsam, aber sicher nach oben steigt.

Jana merkt das natürlich auch und zieht sich von meinem Schwanz zurück, genauso wie die Hand von meinen Eiern. Die beiden blicken mich mit Unschuldsmiene von unten an und machen erst mal gar nichts. »Womit habe ich das nur verdient, ihr zwei Hübschen?«, frage ich sie und Caro antwortet: »Wieso verdient, wir freuen uns doch auch immer über Frischfleisch, vor allem, wenn es so attraktiv ist wie du!«

Okay, so kann man es natürlich auch sehen, aber das ändert trotzdem gar nichts daran, dass ich mich für einen echten Glückspilz halte. Vor allem jetzt gerade, denn ich sehe, wie Caro einen kurzen Blick auf meine Latte wirft und wohl zu dem Schluss kommt, dass die Spritzgefahr für den Moment gebannt ist. Sie beugt sich vor und schon spüre ich, wie sich ihr warmer Mund um meinen Schwanz schließt. Sie macht es ganz anders als Jana, schneller und härter und sie schiebt sich die Eichel tief in den Rachen. Es fühlt sich anders an, aber es ist genauso geil, und natürlich steht mein Schwanz innerhalb kürzester Zeit wieder kerzengerade nach oben.

Caro hebt den Kopf. »Und jetzt wird gefickt!«, verkündet sie mir strahlend und völlig unbefangen. Für einen Moment wird mir wieder bewusst, wo wir uns eigentlich befinden. Laute Musik dringt in mein Ohr, ich nehme das laute Stimmengewirr rund um mich herum wahr und kurz fällt mein Blick auch auf Nico, Mia und Rieke. Was sie genau tun, kann ich nicht sehen, aber es sieht nicht so aus, als würden sie sich langweilen. Was ich ebenfalls sehe, ist die blickdichte Wand aus Feiernden vor uns, die uns vom Rest des Zelts abschirmt.

Irgendwie verrückt, wir haben uns in einem Brauhaus mitten in eine Swingerparty geschummelt und die anderen gehen wie selbstverständlich davon aus, dass wir dazugehören. Bevor ich mir noch weitere Gedanken machen kann, ziehen mich meine beiden sexy Krankenschwestern nach oben und nehmen die Bank selbst in Beschlag. Nebeneinanderstehend stützen sie sich mit den Händen auf ihr ab und strecken ihre prallen, nackten Ärsche nach hinten raus. Ihre Röckchen haben sie hochgeschoben, wo ihre Ministrings geblieben sind, weiß ich nicht.

Ich habe eine direkte Aussicht auf ihre feucht glänzenden Mösen und der Anblick macht mich so fickgeil, dass ich nicht zögere. Ich schiebe Jana zwei Finger meiner linken Hand in den Spalt und Caro zwei Finger meiner rechten. O Mann, ich kann es kaum glauben, aber auf beiden Seiten erwartet mich eine warme, flutschig-nasse Höhle. Ich taste mich vor, bewege meine Finger vor und zurück, ficke die beiden im gleichen Rhythmus mit meinen Fingern, und auf beiden Seiten beginnt der Saft zu fließen.

Mein Schwanz steht hart und prall nach oben, er pocht und fordert seinen Anteil an dem geilen Geficke ein. Schnell ziehe ich die Finger aus Janas feuchtem Loch, hole meinen ungeduldigen Fickriemen unter dem Kilt hervor und schiebe ihn ihr rein. Ich ficke sie, und gleichzeitig befummele ich Caros Möse weiter. Die beiden stöhnen und drängen sich mir entgegen, wollen immer mehr und immer härter gefickt und gefingert werden. Ich gebe ihnen, was sie verlangen und werde selbst immer geiler dabei.

Natürlich wollen sie irgendwann, dass ich die Seiten wechsele, und als ich meinen Schwanz aus Jana ziehe und in Caros Möse stecke und natürlich auch meine Finger die Seite tauschen, wird ihr Gestöhne richtig laut. Ich darf gar nicht so genau hinschauen, der Anblick, wie mein harter Schwanz immer wieder in Caros nasse Möse eindringt und gleichzeitig meine Finger richtig versaut Janas Möse ficken, würde mich sofort zum Spritzen bringen. Dass die beiden mich dabei auch noch anfeuern, macht die Sache nicht einfacher für mich, aber ich schaffe es, durchzuhalten.

Dann spüre ich, wie Janas Pussy sich zusammenzieht. Sofort wendet sie sich zu mir um und gibt mir laut stöhnend eine Anweisung. »Mir kommts. Los, steck mir den Schwanz rein, ich will dabei richtig durchgevögelt werden!«

Sofort wechselt mein Schwanz wieder die Möse und jetzt konzentriere ich mich für einen Moment ganz auf Jana. Viel muss ich nicht machen. Ich umfasse ihre Hüften, stoße ein paarmal kräftig in sie rein, und schon kann ich die Wellen ihres Orgasmus an meinem Schwanz spüren. Sie kommt laut und leidenschaftlich und ich genieße den geilen Anblick, den sie mir dabei bietet.

Kaum ist sie fertig, richten sich die beiden auf. Jana zieht sich zurück und Caro dirigiert mich so auf die Bank, dass ich rittlings darauf sitze und mich hinten mit den Händen abstütze. Sie schwingt ein Bein über mich und jetzt steht sie breitbeinig direkt über meinem dicken Rohr. Ich halte ihr das dicke Teil entgegen und langsam lässt sie sich runter, bis sie auf mir sitzt, meinen Schwanz tief in ihrer Möse. Sie knöpft ihre Schwesterntracht bis zum Bauchnabel auf, ihre dicken Titten springen mir entgegen, und dann fängt sie an, mich zu reiten. Während sie ihr Becken vor- und zurückschiebt, schwingen die unfassbar geilen Titten direkt vor meinen Augen auf und ab.

Ein Schotte, der von einer Krankenschwester geritten wird, schießt es mir durch den Kopf. *Das wäre mal eine geile Szene für einen versauten Film.*

Dann dringt die verruchte Stimme von Schwester Caro in mein Ohr. »Wie seht es aus, Schotte, bist du schussbereit?«

Mit beiden Händen drückt sie mir ihre Titten ins Gesicht und stöhnend spritze ich mein Sperma in ihre nasse, geile Möse.

***

Als Nico und ich das Brauhaus eine Stunde später verlassen, ist von Jana, Caro, Rieke und Mia nichts mehr zu sehen. Wir haben keine Ahnung, wohin sie verschwunden sind. Kaum waren sie mit uns fertig, hat sich auch die schützende Mauer vor uns aufgelöst und die vier waren nicht mehr zu sehen.

Ob wir uns ausgenutzt fühlen? Ganz im Gegenteil! Wir hatten den geilsten Karnevalstag unseres Lebens und selbstverständlich sind wir uns einig, dass wir auch im nächsten Jahr wieder im Brauhaus feiern werden. Vielleicht treffen wir unsere vier geilen Krankenschwestern ja noch mal wieder.

Sexgier – Ich nehme mir, was ich will!

Die beiden mit Perlen verzierten Enden meiner langen Halskette schwingen bei jedem Schritt sanft vor meinem Bauchnabel hin und her. Ich genieße es, wie die Perlen über meine nackte Haut streichen, während ich selbstbewusst in meinen hochhackigen silberfarbenen Porno-Stilettos durch den Raum schreite. Meinen Blick lasse ich mal nach rechts und mal nach links schweifen. Ich versuche, so viele Eindrücke wie möglich aufzunehmen.

Mein Körper ist von einer leichten Gänsehaut bedeckt und meine Nippel stehen nach vorn ab. Mit laszivem Hüftschwung bewege ich mich vorwärts und lege einen unwiderstehlichen Catwalk hin. Mich so herausfordernd zu bewegen, fällt mir leicht, es steckt sozusagen in meiner DNA, und vollkommen selbstsicher bewege ich mich durch die Doppelreihe der anwesenden Männer. Das Spalier ist lang, es zieht sich durch mehrere Räume und Flure, da die Männer jeweils einen Abstand von etwa anderthalb Metern zwischen sich gelassen haben.

Noch sind sie alle Voyeure, abhängig von der Gunst der sich präsentierenden Damen. Und obwohl sie alle mit ihren schwarzen Anzügen, schwarzen Halbschuhen und weißen Hemden sehr gut gekleidet sind, fühle ich mich ihnen überlegen, denn die Wahl liegt ausschließlich bei mir. Ich genieße jeden einzelnen ihrer voyeuristischen Blicke und zeige mich ihnen so verführerisch wie möglich.

Bei den Männern ist heute Konformität gefragt, außer den Anzügen trägt auch jeder von ihnen eine schwarze Augenmaske. Das einheitliche Auftreten soll verhindern, dass wir Frauen unsere eigenen Männer direkt erkennen und uns womöglich ablenken lassen. Die Idee ist gut und ich bin mir ziemlich sicher, dass dies bei dem gedimmten Licht, durch das wir uns bewegen, auch gut gelingen wird.

Die Männer sehen elegant aus und in dem edlen Ambiente der Location absolut angemessen gekleidet. Ich habe große Lust auf dieses besondere Spiel, an dessen Beginn wir ja erst stehen, und welches hoffentlich in einem schamlosen Durcheinander enden wird.

Obwohl ich heute Abend zusammen mit meinem Mann an dieser Veranstaltung teilnehme, werden wir uns in dieser Nacht möglichst aus dem Weg gehen. So haben wir es vorher besprochen, damit sich jeder von uns ohne Ablenkung seinen eigenen, ganz speziellen Gelüsten hingeben kann. Wir wollen uns beide völlig schamlos ins wilde Treiben stürzen, ohne Rücksicht auf den Partner nehmen zu müssen. Das ist unser Ding, so lieben wir es, und diese Konstellation bringt uns den höchsten Genuss. Ich fiebere dem Lustrausch, der sich heute sicher einstellen wird, schon entgegen. Er wird sich langsam entwickeln und dann hoffentlich endlos steigern.

***

Der Club hat der heutigen Nacht den Namen »*Das sündige Spiel der Neunundneunzig*« gegeben. Die Gästeliste wurde vorab nicht veröffentlicht, worüber ich mir aber keinerlei Gedanken gemacht habe, denn der Club ist bekannt dafür, bei der Auswahl der Gäste ein außergewöhnlich gutes Händchen zu haben. Es wird immer darauf geachtet, dass die Besucher sowohl zum Motto des Abends als auch zueinander passen. Heute sind es sechsundsechzig Herren und dreiunddreißig Damen, denen der Zutritt gewährt wurde.

Einen ersten Eindruck, wie der Abend werden könnte, habe ich bereits bekommen. Wir Frauen haben uns nämlich zu Beginn der Veranstaltung in einem abgeschirmten Loungebereich des Clubs versammelt und noch ein paar Informationen und Instruktionen zum Ablauf des Spalierlaufs vom Veranstalter erhalten. Ein Blick auf die anwesenden, nur mit Schuhen und kleinen Accessoires bekleideten Frauen hatte genügt, um mich wissen zu lassen, dass es heute heiß hergehen würde. So viel geballte Attraktivität und eine von Anfang an vibrierende Atmosphäre würden die Männer im Handumdrehen mitreißen und hoffentlich richtig wild werden lassen - und genau das hatte ich mir von dieser Nacht erhofft.

***

Jetzt befinde ich mich in der ersten von drei Runden durch das Spalier der Männer. In dieser Runde werden wir von den Herren nur bewundert. Niemandem ist es erlaubt, uns anzusprechen, keine Frau darf berührt werden. So wollen es die Spielregeln und alle werden sich daran halten, denn die Männer haben natürlich genauso wie wir, ihre Anweisungen erhalten.

Ich habe mich schnell an das Schritttempo meiner Vorläuferin, die circa fünfzehn Sekunden vor mir gestartet ist, angepasst. Sie macht eine große Show aus ihrem Lauf, lässt ihren kurvigen Arsch gekonnt hin- und herschwingen, und ich bin mir sicher, dass ihre üppige Figur bei dem einen oder anderen Mann die Wirkung nicht verfehlen wird. Schließlich bekomme ich genau mit, wie einige der geilen Kerle dem heißen Prachtarsch hinterherstarren.

Das ändert sich jedoch zum Glück sofort, wenn ich in ihr Blickfeld trete und meine Aura wirken lasse. Ich verkörpere einen komplett anderen Typ Frau, bin groß, sehr schlank, habe lange blonde Haare, die bis zu meiner Taille reichen, sehr lange Beine und eine außergewöhnlich helle Hautfarbe. Meine mit jedem meiner Schritte mitwippenden Titten sind eher klein. Meine Nippel sind allerdings genau das Gegenteil von klein und die rosafarbenen Knospen stehen verführerisch und einladend nach vorn ab.

Ich habe mich nur dezent geschminkt, lediglich etwas Wimperntusche und einen zartrosa Lipgloss aufgelegt. Doch die lüsternen Blicke der Männer, an denen ich vorbeischreite, geben mir recht – mehr braucht es nicht. Irgendwann laufe ich an meinem Mann vorbei, den ich tatsächlich erst auf den zweiten Blick erkenne. Er zwinkert mir unauffällig zu und lässt sich sonst nichts anmerken. Ich weiß, wie geil er es findet, wenn mich andere, attraktive Männer begehren und ficken wollen. Und dass dies hier heute Nacht der Fall sein wird, daran besteht überhaupt kein Zweifel, schließlich machen wir so etwas nicht zum ersten Mal.

Und obwohl es nicht das erste Mal ist, und ich schon viele Erfahrungen gesammelt habe, bin ich auch heute wieder von Anfang an sexuell total aufgeheizt. Schon bei den ersten Schritten hat sich ein forderndes Kribbeln in meiner Pussy ausgebreitet, und nun, nachdem ich vielleicht die Hälfte des Spaliers durchschritten habe, hat sie sich bereits in einen nassen Quell verwandelt. Die Verlockungen sind zum Greifen nah und ich laufe ganz nah an einer nach der anderen vorbei. Ich kann mir mehr Zeit nehmen, als ich erwartet habe, denn die Frau vor mir gefällt sich in ihrer Rolle und hat keine Eile.

Natürlich nehme ich mit dem einen oder anderen Mann schon in der ersten Runde Blickkontakt auf und bemühe mich, die Absichten hinter den Masken zu ergründen. Ich achte auch darauf, wie sie dastehen, ob sie eine gute Figur haben und ob sie einen selbstsicheren Eindruck machen.

Jede Frau hat da ihre Vorlieben und ich stehe auf das Klischee: große, breitschultrige Kerle mit möglichst markanten, toughen Gesichtszügen. Wenn sie dann auch noch richtig zupacken können und mit ihrem Schwanz umzugehen wissen, bin ich Wachs in ihren Händen. Aber ob so einer dabei ist, weiß ich jetzt natürlich noch nicht.

Obwohl sich das Spalier durch mehrere Flure und Räume zieht, kommt mir der Weg keineswegs zu lang vor. Es macht mir Spaß, mich zu präsentieren und die Reaktionen der Männer darauf zu sehen. Mehrmals habe das Gefühl, dass der eine oder andere sich arg zusammenreißen muss, um cool zu bleiben.

Ich kann mich immer schnell entscheiden, was Männer angeht, und habe bisher vier oder fünf ins Visier genommen, die meinem Beuteschema entsprechen. Voreilig will ich trotzdem nicht sein, denn wenn später die Hüllen fallen, kann man bestimmt auch die eine oder andere Überraschung erleben – positiver oder negativer Art.

Die erste Runde ist ja nur ein Herantasten. Richtig interessant wird es erst in der zweiten Runde, und darauf werde ich nicht mehr lange warten müssen, denn ich habe soeben wieder den Loungebereich betreten, von dem aus wir gestartet sind. Gespannt betrachte ich die Frauen, die nach und nach hier ankommen. Alle haben ein Lächeln im Gesicht und einen gewissen Glanz in ihren Augen – sie sind auf der Jagd und ich kann die Spannung, die in der Luft liegt, förmlich spüren.

Der Veranstalter wartet schon auf uns und als wir die Anweisungen für Runde zwei bekommen, ist es sofort still im Raum. Die wesentliche Änderung zur ersten Runde betrifft die Männer und das ist für alle hier eine gelungene Überraschung. Sie werden sich uns nämlich ab nun nackt präsentieren. Trotzdem dürfen sie uns nach wie vor nicht anfassen.

Dafür ist es jetzt aber uns Frauen erlaubt, die Initiative zu ergreifen. Wir dürfen anfassen, streicheln, fühlen, küssen und schnuppern. Um die Spannung weiterhin hochzuhalten, werden uns aber auch in der zweiten Runde weitergehende sexuelle Handlung wie Blasen, Wichsen oder gar Ficken nicht gewährt.

Einerseits auf jeden Fall ein weiterer Antörner, aber andererseits auch schade, ich wäre nämlich durchaus schon bereit für mehr. Aber ich will mich nicht beschweren, denn mit den erlaubten Dingen lässt sich schon ganz viel anfangen, und sie werden für mich ausreichende Entscheidungshilfen sein.

Ich bin jetzt ein bisschen aufgeregt und sehr gespannt auf den Verlauf der nächsten Runde. Sie ist auf ein Zeitlimit von etwa zwanzig Minuten beschränkt und die Frauen sollen sich möglichst nicht länger als zwei Minuten mit einem bestimmten Mann beschäftigen, bevor sie weitergehen.

Ein paar Minuten später ist es so weit und die ersten Ladys verlassen den Raum. Endlich bin ich an der Reihe. Ich spüre die freudige Erregung und die hochkommende Geilheit in mir. Ich gehe los.

Die ersten Männer sind tatsächlich schon fast alle von den Frauen vor mir in Beschlag genommen. *Da scheinen es ja einige kaum noch abwarten zu können*, denke ich und lächle in mich hinein. Ich sehe auch schon die ersten harten Schwänze, die von Händen mit langen roten Fingernägeln zärtlich gestreichelt werden – mehr ist ja noch nicht erlaubt. Glücklicherweise sind doppelt so viele Männer wie Frauen anwesend. Ich muss mir also keine Sorgen machen, dass für mich keine Auswahl mehr bleibt, auch wenn einer der Männer, die ich in die engere Wahl genommen hatte, schon heftig von einer attraktiven Brünetten umgarnt wird. Ich gehe einfach weiter, erfreue mich an dem, was ich sehe, und halte die Augen auf nach einem Mann, der mir gefällt. Jetzt sehe ich auch, dass es sich lohnt, ein zweites Mal hinzuschauen. Die nackten Körper sind doch wesentlich reizvoller und vor allem aussagekräftiger, als es die Männer in den Anzügen waren.

Als ein gut aussehender dunkelblonder Typ mit breiten Schultern und einem attraktiven Schwanz in mein Blickfeld rückt, steuere ich ihn direkt an. Er steht in einem lang gezogenen Flur, lehnt sich mit dem Rücken cool an der Wand an und hat ein sympathisches Grinsen im Gesicht. Er gefällt mir und als er sieht, dass ich ihn ansteuere, verändert er sofort seine Haltung. Er tritt ein wenig nach vorn und sein Körper nimmt Spannung an. Jetzt sieht er noch besser aus als vorher.

Ich bleibe direkt vor ihm stehen, lege meine Hand um seinen Nacken und ziehe ihn zu mir. Unsere Lippen berühren sich und zeitgleich umschließe ich mit einer Hand seinen schönen, halbsteifen Riemen. Er erwidert meinen Kuss und mit meinen Lippen und meiner Zunge gebe ich ihm zu verstehen, welche Möglichkeiten sich ihm heute Nacht eröffnen.

Sein Schwanz reagiert sofort, füllt sich mit Blut und wird in meiner Hand augenblicklich dicker. Ich beende den Kuss und schaue in seine blauen Augen. Ja, so mag ich es, ich kann das Verlangen in ihnen sehen, die Gier nach mehr. Genau das macht mich bei potenziellen Lovern an. Seine Augen sagen mir, dass er mich ficken will.

»Na, später Lust auf ein paar richtige Sauereien?« Die Worte hauche ich ihm ins Ohr, während ich sein Rohr härter und fordernder umfasse und dabei geschickt meinen Daumen über seine dicker werdende Eichel reibe. Langsam lässt er seinen Blick an meinem Körper entlanggleiten.

»Am liebsten sofort, aber leider müssen wir ja noch warten«, antwortet er, während sein Schwanz in meiner Hand noch eine Spur härter wird.

Ich weiß natürlich genau, dass ich ihn noch ein bisschen heißer machen muss, schließlich schläft meine Konkurrenz nicht. Und ich habe nicht vor, mir dieses Sahnestückchen wieder wegnehmen zu lassen.

»Mit diesem harten Ding willst du mich gleich ficken?«, mache ich ihn an. »Willst ihn mir richtig reinrammen? Ich kann es kaum erwarten! Rühr dich in der nächsten Runde bloß nicht vom Fleck, dann komme ich sofort zu dir!«

»Darauf kannst du dich verlassen, ich werde genau hier stehen«, versichert er mir.

»Okay, dann bis gleich!«, antworte ich, küsse ihn noch einmal leidenschaftlich und wende mich dann von ihm ab. Er weiß es ja nicht, aber hätte er mich anfassen dürfen, hätte er einen kleinen Vorgeschmack von dem bekommen, was ihn gleich erwartet. Meine Möse steht kurz vor dem Überlaufen und hätte er einen Finger hineingeschoben, wäre es wohl so weit gewesen.

Das war schon mal ein guter Start, aber natürlich werde ich es nicht dabei belassen, schließlich herrscht hier heute Herrenüberschuss und das will ich natürlich ausnutzen. Ich betrete den nächsten Raum, und sofort sehe ich einen neuen potenziellen

Kandidaten. Eine meiner Vorgängerinnen ist gerade fertig mit ihm und geht weiter. Zurück lässt sie einen dermaßen großen, harten Riemen, wie ich ihn noch nie gesehen habe.

Der Mann ist zwar nicht wirklich mein Typ, er ist höchstens so groß wie ich und auch eher schmal gebaut, aber sein Schwanz ist so beeindruckend, dass ich nicht vorbeigehen kann. Warum nicht alles ausprobieren? Genau dafür bin ich schließlich heute hier. Ohne zu zögern, greife ich an sein dickes Rohr und dränge mich so dicht an ihn heran, dass ich mir seinen Schwanz zwischen die Beine schieben kann.

»Hey, nicht so eilig, schöne Lady!«, sagt er sichtlich überrascht zu mir. »Gefickt wird später!«

»Wer sagt denn was von Ficken, ich will dir doch nur was zeigen!«, gebe ich lächelnd zurück. Ich reibe sein dickes Ding einmal zwischen meinen Schamlippen hin und her, dann gebe ich ihn wieder frei.

Mit großen Augen starrt er auf seine mit glänzendem Mösensaft bedeckte Eichel.

»Wow, wie geil ist das denn! Wo kommt denn der ganze geile Saft so schnell her?« Und dann: »Sehen wir uns gleich wieder?«

Das war ja einfach, stelle ich zufrieden fest. *Mal eben den zweiten Lover gesichert.*

»Na klar, sehen wir uns gleich wieder, aber nur, wenn du es schaffst, dich für mich aufzusparen, ich möchte nämlich auf jeden Fall deine Erste heute sein!«, stelle ich klar. »Wartest du auf mich?« Bevor er antworten kann, schnappe ich ihn mir noch mal und gebe ihm einen leidenschaftlichen Kuss. Anschließend berühre ich mit der Zunge ganz sanft sein Ohr und ich säusele ihm noch ein paar deftige Sauereien hinein. Er reagiert heftiger, als ich erwartet habe, sein Schwanz fängt doch tatsächlich an, leicht zu zucken, und ich befürchte schon, er wird gleich kommen.

Doch das tut er zu meiner Erleichterung nicht, stattdessen tritt er einen Schritt zurück und sieht mich an. »Du kannst dich auf mich verlassen, ich rühre keine andere an!«, keucht er, und zufrieden hauche ich ihm einen letzten Kuss auf die Lippen. Dann drehe ich mich um und lasse ihn mit seinem ausgefahrenen Rohr stehen.

Bisher bin ich mit dem Verlauf des Abends mehr als zufrieden. Selbst wenn die Beteuerungen von Mr. Big Cock sich in Luft auflösen sollten, gibt es hier heute Nacht so viel attraktiven Männerüberschuss, dass ich ganz sicher auf meine Kosten kommen werde.

Der nächste Typ, der meine Aufmerksamkeit auf sich zieht, starrt mir schon von Weitem entgegen und leckt sich bei meinem Anblick unbewusst über die Lippen. Mit schwingenden Hüften gehe ich durch das Spalier, natürlich immer mit einem wachen Blick zu beiden Seiten, ich möchte ja nicht versehentlich ein Sahnestückchen stehen lassen. Da mir aber kein Mann auf diesem Stück besonders ins Auge sticht, gehe ich weiter bis zu dem Typen, der mich immer noch mit Blicken fixiert.

Er ist das genaue Gegenteil von mir, dunkelbraune Haare, eine muskulöse, fast schon bullige Figur, braun gebrannt und irgendwie ein bisschen proletenhaft. Er hat etwas animalisch Versautes an sich, zu dem ich mich magisch hingezogen fühle. Ein Typ Mann, der die niederen Instinkte in mir anspricht.

Vor mir sind ein paar Frauen an ihm vorbeigegangen und ich bin mir sicher, dass seine Ausstrahlung viele abschreckt. Im Gegensatz zu den anderen Männern hier verkörpert er den beinharten Rockertypen. Es würde mich nicht wundern, wenn der auch schon mal ein Gefängnis von innen gesehen hätte, aber das stört mich nicht. Erstens weiß ich es ja gar nicht und zweitens fühle ich mich hier vollkommen sicher.

Er ist fast am ganzen Körper tätowiert, nur wenige Stellen sind noch frei. Sein Bizeps ist fast so dick wie mein Oberschenkel und seine Hände sind riesig. Mein Interesse wird allerdings auch von dem Ding zwischen seinen Beinen geweckt. Zwar nicht besonders lang, aber ausgesprochen dick. Ich kenne diese Exemplare und weiß, dass ich mir wegen der Länge keine Gedanken machen muss, die stellt sich später von ganz allein ein.

Ich bleibe direkt vor ihm stehen und betrachte ungeniert seinen dicken Pimmel, der ebenfalls tätowiert ist. Ich kann allerdings nicht erkennen, was dort abgebildet ist.

»Wenn du wissen willst, was draufsteht, musst du ihn blasen!« Er sagt es nicht besonders freundlich, eher so als wenn er mir einen Gefallen tun würde, wenn ich mal seinen Schwanz lutschen dürfte, und das macht mich nur noch mehr an.

»Meinst du denn, das dicke Ding passt überhaupt in meinen Mund?«, kontere ich.

»Wenn du dir Mühe gibst, wird er schon reinpassen. Alle Einzelheiten kannst du aber erst sehen, wenn du meine Eier gleichzeitig bearbeitest, dann fährt er nämlich zu voller Länge aus!«

Jetzt muss ich irgendwie reagieren, daran besteht kein Zweifel, also schaue ich ihm direkt in die Augen und greife selbstbewusst an seinen Sack.

Wow, jetzt habe ich ordentlich was in der Hand und es fühlt sich prall gefüllt an. »Oh, der ist ja schon gut geladen!«, bemerke ich und der Typ grinst zufrieden.

»Wenn du Sperma magst, bist du bei mir genau richtig. Zieh einfach meine Eier richtig hart lang, während du meinen Schwanz lutschst, dann kannst du dein weißes Wunder erleben! Und ich spritze es dir wahlweise direkt in dein vornehmes Gesicht, auf deinen weißen Arsch oder zwischen deine Minititten. Deine Löcher nehme ich natürlich auch, aber ich gehe mal davon aus, dass du die Sahne sehen willst.«

Was für ein Prolet! Doch seine Art, mit mir zu sprechen, macht mich voll an und am liebsten würde ich sofort loslegen und ihn mal an meinem Spalt fühlen lassen. Dann wüsste er, dass wir ziemlich gut zusammenpassen.

»Da bin ich aber gespannt, ob du auch halten kannst, was du versprichst!«, sage ich stattdessen, um ihn ein bisschen zu provozieren. Gleichzeitig packe ich fester zu und ziehe seine Eier ein Stück nach unten. Sofort schießt ihm das Blut in den Schwanz und lässt ihn wachsen.

»Sehe ich etwa aus wie ein Bluffer, Kleine?«

»Nein, überhaupt nicht, deswegen bin ich auch gleich wieder bei dir! Lauf mir bloß nicht weg!« Ich lasse ihn los und wende mich ab.

»Ich bin übrigens Rico«, sagt er noch, »lass mich nicht zu lange warten!«

»Ich bin Sunny!«

Lächelnd setze ich meinen Catwalk fort. An den wenigen noch folgenden Männern laufe ich uninteressiert vorbei, ich habe meine Auswahl für heute getroffen.

Für Runde drei werfen die Veranstalter alle vorherigen Regeln über Bord. Ab sofort ist alles überall erlaubt. Nur der große Loungebereich darf noch nicht betreten werden, der wird nämlich erst ab Mitternacht für alle geöffnet sein. Eine Stunde lang ist nun alles möglich. Es gibt keine Tabus mehr und mit einem lauten Gong wird die letzte Runde eingeläutet. Ich bin total gespannt, ob »meine« Männer auf mich gewartet haben. In den beiden ersten Runden hatte ich den Eindruck, dass sich die Gunst der Damen ganz gut auf die potenziellen Lover verteilt hat, zumal wir ja auch von der Anzahl her aus dem Vollen schöpfen konnten. Wir werden sehen …

Ohne Hast durchschreite ich das Spalier zum dritten Mal und genieße noch einmal die Blicke der Männer, an denen ich vorbeigehe. Als mein erster Lover in Sichtweite kommt, sehe ich, dass er bereits von einer vollbusigen Rothaarigen beflirtet wird, die ihm ihre prallen Titten gegen den Körper drückt. So richtig begeistert sieht er nicht aus und als er mich wahrnimmt, sagt er irgendetwas zu ihr, woraufhin sie weitergeht. Ihr böses Augenfunkeln lasse ich ganz entspannt über mich ergehen. So einen Einsatz meines Auserwählten für mich weiß ich natürlich zu honorieren, und ohne ihn zu begrüßen, gehe ich direkt vor ihm in die Knie.

Sein Schwanz ist halbsteif, als sich meine Lippen um seine Eichel schließen. Ich beginne, ihn zu lutschen, und spüre auf der Stelle wie das Ding in meinem Mund sich verhärtet. Ich liebe den herben, leicht salzigen Schwanzgeschmack, er geilt mich auf und lässt mich schnell zügellos werden.

Schon nach kurzer Zeit habe ich eine schöne Latte in meinem Mund und ich entlasse ihn erst, als er steinhart nach oben steht. Ein paarmal lecke ich noch über seine Eichel bevor ich mich wieder aufrichte und meinem gut aussehenden Lover unschuldig in die Augen schaue.

»Ich bin Sunny!«, sage ich zu ihm. »Schön, dass du auf mich gewartet hast.«

»Hallo Sunny! Alle Achtung, auf so eine geile Art bin ich noch nie begrüßt worden. Da hat sich das Warten ja jetzt schon mehr als gelohnt!« Er grinst mich an. »Und ich bin übrigens Collin.«

Ich behalte meine Unschuldsmiene bei und schaue ihm weiter in seine strahlenden blauen Augen, während meine Finger mit seinem abstehenden Rohr zu spielen beginnen.

»Genau für so was sind wir heute Nacht doch alle hier, oder? Möchtest du ein paar Sauereien mit mir machen, wie sieht es aus?« Meine direkte Art bringt ihn ein wenig aus dem Konzept, das merke ich. Bevor er etwas sagen kann, rede ich einfach weiter.

»Ich muss nicht viel bereden, wenn mir ein Kerl gefällt, und du gefällst mir ausgesprochen gut. Hast du Lust auf eine schnelle Nummer?«

Jetzt hat er sich offenbar darauf eingestellt, dass ich ganz offenherzig sage, was ich will, und er springt darauf an. Er zieht mich näher zu sich. »Ja klar, habe ich Lust auf eine schnelle, geile Nummer mit dir. Willst du es gleich hier im Flur haben?«

Ich nicke nur ganz leicht und augenblicklich umfasst er meine Taille, dreht mich um und drückt mich gegen die Wand. Mit einer Hand fasst er von hinten zwischen meine Beine und schon habe ich zwei Finger in meiner Möse stecken. Er sagt nichts, aber ich höre, wie er scharf einatmet.

Ich drücke meinen Arsch schön nach hinten raus und stelle mich breitbeinig und aufnahmebereit hin. Er zieht seine Finger aus mir und im nächsten Moment drückt sein hartes Rohr gegen meinen heißen Spalt und dringt in mich ein. Er schiebt sich tiefer in mich, was bei meiner nassen Muschi ein leichtes Spiel für ihn ist. Dann umfasst er mein Becken fester und fängt an, mich zu bumsen.

Ich liebe diesen Moment, wenn es losgeht. Bei den ersten Stößen muss man noch ein bisschen zueinanderfinden, die Position vielleicht noch mal ein bisschen korrigieren, aber dann gibt es kein Halten mehr. So ist es auch mit ihm. Zwei, drei Stöße, und wir haben unseren Rhythmus gefunden. Er bumst mich hart und schnell, genau, wie ich es mag, und ich feuere ihn durch lautes Stöhnen an.

Der gesamte Flur hat sich mittlerweile in eine Pornozone verwandelt, was mich zusätzlich anmacht. Die Rothaarige, die gerade noch bei meinem Lover stand, hat schnell Ersatz gefunden, und sich gleich zwei Typen gegriffen. Sie kniet auf dem Boden und bläst ihnen abwechselnd die Schwänze. Direkt daneben lehnt eine attraktive Schwarzhaarige an der Wand, hat ein Bein um ihren Lover geschlungen und treibt ihn in einer fremden Sprache an, die ich zwar nicht verstehe, die sich aber ausgesprochen sexy anhört.

Und so geht es weiter. Von überall dringen Fickgeräusche begleitet von lautem Stöhnen und heftigem Keuchen in mein Ohr. Ich nehme die Geräuschkulisse wahr, aber trotzdem konzentriere ich mich natürlich auf den geilen Schwanz in meiner Muschi. Collin vögelt mich so kräftig durch, dass ich alle Kraft aufbringen muss, nicht zu hart gegen die Wand gedrückt zu werden. Er beweist echte Ausdauer und sein Riemen fühlt sich megageil in mir an.

Dann greift er plötzlich mit einer Hand in meinen Nacken. »Verdammt, ich muss spritzen!«, stößt er hervor, macht aber keinerlei Anstalten, mit seinem wilden Gehämmere aufzuhören. Mir ist es recht, ich finde es total geil, mir so schnell die erste Ladung Sperma abzuholen, also feuere ich ihn weiter an.

»Ja, gib mir deinen Saft, genauso brauche ich es! Spritz ab!«

Ich fühle, wie sein Körper sich anspannt. Unerwartet hört er mit seinen Fickbewegungen auf und steht für einen Moment ganz still hinter mir. Dann stößt er zweimal heftig in mich, zieht seinen Schwanz aus mir und der erste dicke Strahl heißes Sperma klatscht auf meinen Arsch.

So geht es weiter, alles landet auf meinem Arsch oder, was besonders geil ist, zwischen meinen Arschbacken. Ich halte einfach hin und lasse ihn machen, genieße sein aufgegeiltes Stöhnen und warte, bis er fertig ist. Dann richte ich mich auf und drehe mich um. »Das ging ja schnell, du geiler Spritzer!«

Ein wenig schuldbewusst grinst er mich an. »Ja, sorry, ich konnte mich einfach nicht zurückhalten. Soll ich noch etwas für dich machen?«, fragt er.

»Nein, alles gut«, antworte ich, »ich habe heute noch mehr vor und werde garantiert nicht zu kurz kommen.«

Zum Abschied küsse ich ihn noch schnell auf den Mund, dann ist Lover Nr. 1 Geschichte für mich.

»Du bist eine echte Traumfrau!«, ruft er mir noch hinterher und dieses Kompliment nehme ich natürlich gern mit auf den Weg.

Im Laufen schnappe ich mir ein Kleenex aus den überall herumstehenden Boxen und wische mir das Sperma vom Arsch. Eigentlich will ich auf direktem Weg Mr. Big Cock ansteuern, doch es gibt eine kleine Ablenkung, da ich unerwartet meinen Mann in voller Aktion sehe und mir einen kurzen Blick auf die geile Szene gönne. Er hat sich doch tatsächlich die Dralle mit dem runden Arsch gekrallt, die anfangs vor mir durch das Spalier gelaufen ist, und nagelt sie mit voller Power von hinten durch. Im Vorbeigehen gebe ich ihm einen Klaps auf den Po und als er sich überrascht umdreht, erhält er noch ein zustimmendes Daumen-hoch-Zeichen, das er grinsend zur Kenntnis nimmt.

Eine Minute und eine Menge Eindrücke später entdecke ich Mr. Big Cock. Er hat tatsächlich auf mich gewartet. Wie er das geschafft hat, ist mir ein völliges Rätsel, er lehnt nämlich mit dem Rücken an der Wand und präsentiert dabei sein zu voller Größe ausgefahrenes Rohr. Das Ding ist so was von beeindruckend, dass ich mein Glück kaum fassen kann. Als ich vor ihm stehe, greife ich sofort danach.

»Alle Achtung, was für ein Prengel! Hat sich keine andere Frau an dich rangewagt oder weshalb stehst du hier noch solo rum?« Meine Frage ist wirklich ernst gemeint, denn was ich mit meinen Fingern umschließe, ist außergewöhnlich.

»Tja, da liegst du wohl richtig mit deiner Vermutung«, bestätigt er mich, »die meisten Mädels hier trauen sich offensichtlich nicht ran, aber du scheinst da ja erfreulicherweise ein wenig anders zu ticken!«

»Genauso ist es«, stimme ich ihm zu und trete näher an ihn heran. Die Spitzen meiner großen, abstehenden Nippel berühren seine Brust, ich reibe mich ganz leicht an ihm, und er versteht sofort, was ich will. Mit einer Hand greift er an meinen Arsch, mit der anderen fängt er an, abwechselnd meine dicken Nippel zu bearbeiten. Er zwirbelt sie so heftig zwischen seinen Fingern, dass mir für einen Moment die Luft wegbleibt. Als er dabei auch noch seine Riesenlatte fordernd gegen meinen Bauch drückt, fängt meine bisher noch unberührte Klitoris heftig an zu pochen.

Ich weiß es nicht genau, aber ich habe das Gefühl, dass sie schon dick angeschwollen ist. Kein Wunder bei den Reizen, denen ich heute Abend schon ausgesetzt war. Ich gehe davon aus, dass der erste Kerl, dessen Finger sich heute an meine Lustperle trauen, eine ziemlich geile Überraschung erleben wird.

Das brennende Schmerzgefühl an meinen Nippeln turnt mich richtig an. Ich stehe darauf, wenn ein Kerl meine Brustwarzen hart angeht und nichts anderes macht Mr. Big Cock gerade. Ich stöhne, kann gar nicht anders, so geil sind die Gefühle, die er in mir auslöst.

Ich habe mittlerweile beide Hände um sein imposantes Rohr gelegt und reibe ihm das Ding, so gut es mir in dieser Position möglich ist.

»Ist deine Möse immer noch so nass wie vorhin?« Die Frage kommt keuchend über seine Lippen und mit seinem dicken Riemen in den Händen weiß ich genau, warum er sie stellt.

»Meine Möse läuft immer aus, wenn mich so ein Riesenschwanz ficken will! Und das willst du doch, oder?« Ich halte es kaum noch aus, will mich auch gar nicht mehr mit irgendwelchem Vorgeplänkel abgeben und glücklicherweise scheint es ihm genauso zu gehen. Statt mir zu antworten, drückt er mich gegen die Wand und automatisch schlinge ich ein Bein um ihn. Er greift nach seinem Prengel und setzt die fette Eichel an meinem Spalt an. Jetzt erweist es sich als ausgesprochen praktisch, dass Mr. Big Cock ein bisschen kleiner ist als ich. Ich stöhne leise, als er sein Becken bewegt und Zentimeter für Zentimeter in mich eindringt. Ja, ich bin klatschnass, aber das ist trotzdem kein leichtes Unterfangen. Aber er macht es langsam, und es fühlt sich geil und versaut an.

»Und? Soll ich dich jetzt ficken?«, fragt er, als er ihn endlich komplett reingeschoben hat. Ich bin mir zwar nicht ganz sicher, was da auf mich zukommt, aber ich will es unbedingt wissen.

»Ja, fick mich, mach es mir!«, stöhne ich lüstern und erwartungsvoll und das lässt er sich nicht zweimal sagen. Ich lege meine Arme um seinen Nacken, schiebe das Bein noch etwas höher um ihn und öffne mich, so weit es geht.

Er fängt langsam an, aber als er merkt, dass meine auslaufende Möse mehr vertragen kann, wird er schneller. Ich keuche bei jedem Stoß, es geht gar nicht anders, so heftig ist das Gefühl, von so einem Prengel aufgespießt zu werden. Das unbändige Pochen in meiner Klit wird immer verlangender und als ich es nicht mehr aushalte, greife ich nach seiner Hand und führe sie zwischen meine geöffneten Schamlippen.

Überrascht hält er für einen Moment inne. »Wow, was ist das denn?« Seine Finger umschließen meine angeschwollene Lustperle. »Du geiles Luder, so heiß wirst du, wenn du mal einen richtigen Schwanz drin hast?« Er weiß genau, was er tut, als er anfängt zu reiben und gleichzeitig zu ficken. Er ist kein bisschen vorsichtig mehr, bearbeitet meine Klit genauso heftig wie vorhin meine Nippel, und gleichzeitig fickt er hart und tief in mich rein.

Es dauert nur ein paar Sekunden und ich explodiere. Der Orgasmus fegt mich fast von den Beinen, ich schreie laut auf und kralle mich an meinem geilen Ficker fest. Doch mein Lover hält mich aufrecht, stößt wild weiter in mich hinein und sorgt dafür, dass ich jeden Moment dieses überwältigenden Gefühls genießen kann. Er hat Ausdauer, hält durch, bis mein Orgasmus abgeklungen ist und zieht dann erst seinen Schwanz aus mir.

Lang und dick liegt der vom Mösensaft glänzende Fickprengel in seiner Hand und er muss nur noch ganz kurz ein bisschen wichsen, dann geht es auch bei ihm los. Sein Sperma schießt mir entgegen, klatscht gegen meinen Bauch bis hinauf zu meinen Titten und unter mein Kinn. Was für ein geiler Abschluss! Ich greife noch einmal nach seinem Schwanz, der nun schnell schlaffer wird, und verteile die letzten Tropfen auf der Eichel.

Dann sehe ich ihn zum ersten Mal seit Beginn unseres geilen Ficks wieder an. »Wow, was für eine heiße Nummer! Es würde mir echt gut gefallen, dich hier öfter mal anzutreffen!«

»Ja, geht mir genauso!«, antwortet er. »Wäre schön, wenn wir uns wiedersehen.«

Mit einem Kuss auf die Wange verabschiede ich mich von ihm. Es war wirklich geil, aber ich habe natürlich trotzdem nicht vergessen, dass ich noch eine dritte Verabredung habe, und auf die habe ich jetzt auch richtig Lust.

Immer noch ein bisschen aufgedreht, laufe ich an fickenden Paaren, vögelnden Gruppen und wichsenden Männern vorbei und lehne alle Angebote, die an mich herangetragen werden, konsequent ab.

Rico steht immer noch an seinem alten Platz, kurz vor Ende der vorgegebenen Runde. Vor ihm knien zwei Frauen, die mir schon ganz zu Anfang des Abends aufgefallen sind. Sie sind die ältesten Gäste der Veranstaltung, da bin ich mir sicher, aber sie sind trotzdem beide sehr attraktiv, wirken ansprechend elegant und die Bezeichnung »ladylike« passt hervorragend zu ihnen. Ich schätze die beiden auf Ende vierzig und sie sind die letzten, die ich bei so einem tätowierten Typen erwartet hätte. Tja, so kann man sich täuschen.

Als ich bei der kleinen Gruppe stehen bleibe, sehe ich, mit welchem Enthusiasmus die beiden Frauen Ricos Schwanz bearbeiten. Ihre Frisuren, ihr Schmuck und ihre hochwertigen, ausgefallenen Pumps – alles an ihnen sieht teuer und edel aus und steht in krassem Gegensatz zu ihrer versauten Performance. Mit herausgefahrenen Zungen lecken sie an dem Schwanz in ihrer Mitte entlang, und jedes Mal, wenn sich ihre Lippen an der prallen dunklen Eichel treffen, knutschen sie ausgesprochen frivol miteinander. Ihre Vorstellung ist äußerst anregend, man kann ihnen ihre Lust an der Sache förmlich ansehen. Fasziniert schaue ich zu und spüre, wie das Kribbeln zwischen meinen Beinen wieder zunimmt, als plötzlich Ricos Stimme in mein Ohr dringt.

»Du hast dir aber verdammt lange Zeit gelassen, Kleine!« Er spricht mit mir, als wenn die beiden vor ihm knienden Frauen gar nicht anwesend wären.

»Es sieht nicht danach aus, als ob du dich langweilen würdest,«, kontere ich, »du hast ja offensichtlich Ersatz gefunden.«

Zu meiner großen Überraschung lassen die beiden Damen umgehend von seinem Schwanz ab und erheben sich.

»Keine Sorge, Süße«, sagt die eine zu mir, »wir haben noch ein paar andere Verabredungen. Rico hat uns schon erzählt, dass er auf dich wartet, und wir haben die Zeit genutzt und ihn für dich schon mal hart geblasen!«

Staunend schaue ich den beiden nach, die sich plaudernd und äußerst gut gelaunt entfernen und nur ein paar Meter weiter schon von dem nächsten Typen in Empfang genommen werden. Grinsend zieht Rico mich zu sich. »Siehst du, kein Grund zur Aufregung!«, sagt er zu mir, und drückt seine harte Latte direkt gegen meinen Venushügel.

»Na los, fass ihn an, mach schon!« Wie schon bei unserer ersten Begegnung macht mich seine proletenhafte Art wieder an. Das ist wirklich ein ganz anderer Typ Mann, als ich sie sonst in den Clubs antreffe, und ich habe große Lust, es einfach geil und ungezügelt mit ihm zu treiben. Ich greife nach seinem Schwanz, fange an zu reiben und dränge meinen Körper gegen seinen muskelbepackten Body.

Doch unerwartet bremst Rico mich. »Nicht so schnell, Mädchen, jetzt erzählst du mir erst mal, warum du so lange gebraucht hast, um zu mir zu kommen!«

Langsam gewöhne ich mich an seinen nicht gerade freundlichen Tonfall und beschließe, mich ihm einfach anzupassen. »Ich habe mich noch von anderen Kerlen ficken lassen, was denkst du denn? Du bist ja schließlich nicht der einzige attraktive Mann hier!«

Er verzieht keine Miene, greift mir stattdessen direkt zwischen die Beine und erfühlt mit mehreren Fingern meinen klatschnassen Spalt. »Was ist das denn? Was war da denn für ein Hengst dran?«, erkennt er die Lage sofort. »Das war ja mal sehr schlau von dir, dich gut auf meinen Schwanz vorzubereiten. Ich mag es nämlich überhaupt nicht, wenn beim Ficken groß rumgejammert wird! Und jetzt geh mal runter auf die Knie und zeig mir, ob es sich gelohnt hat, auf dich zu warten!«

Sein gekonnter Griff zwischen meine Beine hat mich noch heißer gemacht, und ohne zu zögern, befolge ich seine Anweisung. Sein Schwanz ist nicht so groß und dick wie der seines Vorgängers, den ich unmöglich hätte blasen können, aber er hat auch ordentliche Ausmaße. Ich umschließe seine dicke

Eichel mit meinen Lippen. Er schmeckt geil und die Vorstellung, dass gerade noch zwei andere sich an diesem Schwanz vergnügt haben, turnt mich an.

Natürlich will ich ihm zeigen, dass ich es besser kann als meine Vorgängerinnen und lasse meine Lippen und Zunge wahre Wunderdinge vollbringen. Dazu setze ich meine Finger geschickt an seinen prallen Eiern ein. Selbstverständlich habe ich mir gemerkt, worauf er steht, also fasse ich ihn hart an und ziehe ordentlich an den Bällen in meiner Hand.

Er lässt sich nichts anmerken, doch ich glaube, es gefällt ihm, denn sein Schwanz schwillt in meinem Mund fühlbar noch etwas an. Er lässt mich einfach machen, schaut mir von oben zu und schließt ab und zu genießerisch die Augen.

Irgendwann geht mir die Puste aus und ich muss keuchend nach Luft schnappen. Grinsend sieht er auf mich herab. »Gar nicht schlecht, Prinzessin! Jetzt ist er richtig schön dick. Lust, zu ficken?«

Er wartet meine Antwort gar nicht ab, sondern hebt mich mit seinen kräftigen Armen auf die Beine und führt mich in den nächsten Raum. Zusammen steuern wir ein freies Sofa an. Ich warte nicht ab, dass er mir die nächste Anweisung gibt, sondern ergreife jetzt selbst die Initiative. Ich knie mich auf das Sofa, stütze mich mit meinen Armen auf der Rückenlehne ab und strecke ihm meinen Arsch entgegen. Mit aufforderndem Blick drehe ich mich zu ihm um und stelle mit Genugtuung fest, dass er fasziniert zwischen meine Beine starrt, wo sein Vorgänger bereits ganze Arbeit geleistet hat.

»Du kleine Sau!«, entfährt es ihm, und dann greift er in meinen Nacken, drückt meinen Kopf nach unten und dringt in mich ein. Der Geräuschpegel im Raum ist ziemlich hoch, aber ich glaube, dass trotzdem jeder mein lautes Aufstöhnen hören kann. Es tut auf eine geile Art weh, so schnell schon wieder so heftig gefickt zu werden, doch Rico ist eh nicht die Art von Mann, der darauf Rücksicht nehmen würde. Seine Hände halten mein Becken so fest, dass ich keine Chance habe, seinen hämmernden Fickbewegungen zu entkommen.

Ich stöhne vor Lust, während er meine brennende Möse richtig durchvögelt, und tatsächlich höre ich jetzt auch ihn zum ersten Mal laut stöhnen. Als ich fühle, wie er mir erst einen und dann zwei Finger in den Arsch schiebt, kommt es mir. Die Wellen schießen durch meinen Unterleib und meine Klit, und meine lustvollen Schreie sind wahrscheinlich für niemanden im Raum zu überhören.

Rico fickt unbeeindruckt weiter, doch als er merkt, dass der Orgasmus vorbei ist, zieht er seinen Schwanz mit einem plötzlichen Ruck aus meiner Möse und dreht mich um. Jetzt sitze ich vor ihm und habe seinen glänzenden Schwanz direkt vor meinem Gesicht. Er presst mir die Eichel zwischen die Lippen, lässt mich noch einmal seine harte, nasse Latte lutschen und zieht ihn dann wieder aus meinem Mund. Eine Hand krallt sich in meine verschwitzten Haare und positioniert mein Gesicht. Sein dicker Riemen beginnt heftig zu zucken und sofort schließe ich die Augen.

»Mach den Mund auf!«, presst er noch hervor und dann klatscht auch schon der erste Spermastrahl in mein Gesicht. Er hat nicht übertrieben, die Menge Sperma, die er auf mein Gesicht und auch immer wieder in meinen Mund spritzt, ist gewaltig.

Als er fertig ist, schiebt er mir noch einmal seine Eichel in den Mund und lässt mich die letzten Tropfen ablecken. Dann lässt er meine Haare los und ich kann mich wieder bewegen. Vorsichtig öffne ich die Augen und sehe sein zufriedenes Grinsen.

»Ich wusste doch, dass die, die immer so vornehm aussehen, die Geilsten sind.« Er reicht mir ein Kleenex und ich wische mein Gesicht sauber. »Du warst echt die Beste heute. Wenn du Lust hast, können wir uns später noch mal wieder treffen. Deinen kleinen Arsch würde ich auch gern mal ficken!« Und dann dreht er sich um und lässt mich einfach auf dem Sofa sitzen.

Kurz überlege ich, ihm irgendetwas Unflätiges hinterherzurufen, aber dann lasse ich es doch. Die Aussicht auf einen Arschfick mit diesem Proleten erscheint mir ehrlich gesagt ziemlich reizvoll. Wir werden sehen, der Abend ist ja noch lange nicht zu Ende.

NICHT VERPASSEN: KOSTENLOS PER POST ...

»SAUNAFICK«

DIE EROTISCHE ZUSATZGESCHICHTE

SCHNEIDE DIR DIE POSTKARTE AUS
UND SCHICKE SIE AUSGEFÜLLT ZURÜCK!

Exklusiv & kostenlos für unsere Buchkäufer:

»SaunaFick«

Die erotische Kurzgeschichte & iPad-Gewinnspiel

Kostenlos per Post:

SaunaFick
Tara Bernado
Erotische
Kurzgeschichte
12 Seiten
Die Internet-Story
zu dem Buch:
»Ich will es
richtig unanständig«

Die Verlosung erfolgt jeden ersten Freitag im Quartal (Datum des Poststempels). Gewinner werden schriftlich benachrichtigt. Mitarbeiter von blue panther books und deren Angehörige dürfen nicht teilnehmen! Der Rechtsweg ist ausgeschlossen!

Nicht verpassen: kostenlos per Post …

»SaunaFick«

Die erotische Zusatzgeschichte

Schneide dir die Postkarte aus
und schicke sie ausgefüllt zurück!

- ❑ Ja, ich möchte am iPad-Gewinnspiel teilnehmen.
- ❑ Bitte schicken Sie mir die kostenlose Internet-Story »SaunaFick« ausgedruckt per Post an meine folgende Adresse.
- ❑ BUCH-ABO / E-BOOK-ABO: Sie erhalten jedes neue Buch versandkostenfrei direkt und unverbindlich zugeschickt und zahlen bequem per Lastschrift oder Rechnung. Bei Nichtgefallen können Sie es einfach zurückschicken! Dies ist kein Club, kein Kaufzwang!

❑ Herr ❑ Frau

Name, Vorname

Straße, Hausnummer

PLZ, Ort

Land

Geburtsdatum

E-Mail (für aktuelle Informationen)

Wie haben Sie von diesem Buch erfahren?

Wo haben Sie dieses Buch gekauft?

Infos zur Datenverarbeitung unter: blue-panther-books.de/de/datenschutz.html

Tara Bernado - Ich will es richtig unanständig | 5. Auflage | TB5 | 2815

Bitte freimachen falls Marke zur Hand

Antwort

blue panther books
Osterfeldstr. 12-14 | Haus 1 | Nord
22529 Hamburg
Deutschland / Germany